Steffi Dietrich

Steuerliche Behandlung von Schiffsbeteiligungen auf dem Zweitmarkt

Diplomica® Verlag GmbH

Dietrich, Steffi: Steuerliche Behandlung von Schiffsbeteiligungen auf dem Zweitmarkt, Hamburg, Diplomica Verlag GmbH 2008

ISBN: 978-3-8366-5835-5
Druck Diplomica® Verlag GmbH, Hamburg, 2008
Coverbild: © Aloysius Patrimonio Fotolia.com
Umschlaggestaltung: Diplomica Verlag

Bibliografische Information der Deutschen Bibliothek
Die Deutsche Bibliothek verzeichnet diese Publikation in der Deutschen Nationalbibliografie;
detaillierte bibliografische Daten sind im Internet über
<http://dnb.ddb.de> abrufbar.

Inhaltsverzeichnis

Abbildungsverzeichnis

Abkürzungsverzeichnis

Abb.	-	Abbildung
Abs.	-	Absatz
Abschn.	-	Abschnitt
a.F.	-	alte Fassung
AfA	-	Absetzung für Abnutzung
AG	-	Aktiengesellschaft
a.o.	-	außerordentlich
AO	-	Abgabenordnung
Art.	-	Artikel
aufgest.	-	aufgestockt
Ausg.	-	Ausgabe
BewG	-	Bewertungsgesetz
Bd.	-	Band
BGB	-	Bürgerliches Gesetzbuch
BFH	-	Bundesfinanzhof
BMF	-	Bundesminister(ium) der Finanzen
bspw.	-	beispielsweise
BVerfG	-	Bundesverfassungsgericht
bzw.	-	beziehungsweise
DBA	-	Doppelbesteuerungsabkommen
d.h.	-	das heißt
ErbStG	-	Erbschaftsteuergesetz
ESt	-	Einkommensteuer
EStDV	-	Einkommesteuer-Durchführungsverordnung
EStG	-	Einkommensteuergesetz
etc.	-	et cetera *(und so weiter)*
EU	-	Europäische Union
f.	-	folgende
ff.	-	fortfoldende
FEU	-	Forty Feet Equivalent unit
FlaggenRG	-	Flaggenrechtsgesetz
gem.	-	gemäß
GewSt	-	Gewerbesteuer
GewStDV	-	Gewerbesteuer-Durchführungsverordnung
GewStG	-	Gewerbesteuergesetz
ggf.	-	gegebenfalls
GmbH	-	Gesellschaft beschränkter Haftung
GmbHG	-	Gesetz betreffend die Gesellschaften mit beschränkter Haftung
GWG´s	-	geringwertige Wirtschaftsgüter
HBeglG	-	Haushaltsbegleitgesetz
HGB	-	Handelsgesetzbuch

i.d.R.	-	in der Regel
i.S.d.	-	im Sinne des
i.V.m.	-	in Verbindung mit
Jh.	-	Jahrhundert
KG	-	Kommanditgesellschaft
Lj.	-	Lebensjahr
LKW	-	Lastkraftwagen
lt.	-	laut
MA	-	Musterabkommen
n.F.	-	neue Fassung
Nr.	-	Nummer
n.selbst.Arbeit	-	nicht selbstständige Arbeit
OECD	-	Organisation for Economic Co-operation and Development *(Organisation für wirtschaftliche Zusammenarbeit und Entwicklung)*
OHG	-	Offene Handelsgesellschaft
p.a.	-	pro anno *(veraltet für jährlich)*
Pkt.	-	Punkt
RZ	-	Randziffer
s.	-	siehe
S.	-	Seite
stpfl.	-	steuerpflichtig
t	-	Tonnen
tarifl.	-	tariflich
TEU	-	Twenty-foot Equivalent Unit
u.a.	-	unter anderem; und andere
USt	-	Umsatzsteuer
UStG	-	Umsatzsteuergesetz
verbl.	-	verbleibend
z.B.	-	zum Beispiel
z.T.	-	zum Teil
z.v.E.	-	zu versteuerndes Einkommen

1. Einleitung

1.1 Die Bedeutung der Schiffsbeteiligung für den Anleger

Der Ansatz einer Schiffsbeteiligung trat erstmals im 14. Jh. in Erscheinung. In dieser Zeit war die Angst vor Piraterie und Untergang des Schiffes sehr hoch. Jeder Reeder hatte sein eigenes Schiff und musste das Risiko selber tragen. Um die Ängste eines Konkurses zu umgehen, wurde damals schon mit mehreren Reedern, aber auch Privatanlegern in einige Schiffe investiert, um das persönliche Risiko so niedrig wie möglich zu halten.[1] Die Anleger, die sich damals beim Reeder engagierten, konnten so nachhaltig am wirtschaftlichen Erfolg teilhaben. Viel geändert hat sich heute, im Gegensatz zur damaligen Zeit, nicht. Nur, dass die Investoren sich als beschränkt haftende Mitunternehmer an einer GmbH & Co. KG beteiligen und nicht mehr an einer altertümlichen Partenreederei.

Durch den Beginn der Globalisierung Anfang der 70er Jahre auf allen Wirtschafts- und Gesellschaftsbereichen bekamen auch die Warenflüsse einen enormen Zuwachs und lösten in der Branche der Seetransporte einen Boom aus.[2] Denn 97 % der Transporte werden über dem Seeweg abgefertigt. Wunderlich ist das nicht, denn die Erde besteht zu zwei Dritteln aus Wasser.[3] Sicher gab es vor der Zeit der Globalisierung Verbindungen zwischen den Märkten in verschiedenen Kontinenten, aber durch den technischen Fortschritt und die Industrialisierung ist heute der Handel mit Waren in größeren Mengen und schnelleren Lieferungszeiten immenser als früher.[4]

Dem Anleger steht heute eine Vielzahl von gewinnbringenden Anlagemöglichkeiten zur Auswahl. Aber Dank der Einführung der Tonnagesteuer 1999, einer erhöhten und weiter steigenden Nachfrage an Schiffen in den letzten Jahren und den hohen Renditeerwartungen der Schiffsbeteiligungen, die nicht selten die 15%-Grenze p.a. übersteigen, gehören diese Beteiligungen zu den beliebtesten Investitionsmöglichkeiten für vermögensstarke Kunden-schichten. Durch die Tonnagesteuer, deren Ziel die Angleichung der Besteuerung von Schifffahrtsgesellschaften in der EU war, sind nur noch niedrige Ertragssteuerbelastungen zu erwarten und das führt zu schnelleren Vermögenszuwächsen.

Zu einer einfachen Schiffsbeteiligung, die langfristig bindet, gibt es nun auch den Handel mit diesen Anteilen, den Zweitmarkt. Hier kann der Investor, der dringend flüssige Mittel braucht, seine Schiffsbeteiligung verkaufen. Noch vor nicht allzu langer Zeit erzielten ausstiegswillige

---

[1] Vgl. Anhang I, Nr. 1 Abs. 1
[2] Vgl. Anhang I, Nr. 2
[3] Vgl. Anhang I, Nr. 1 Abs. 2
[4] Vgl. Anhang I, Nr. 3

Anleger für ihre Anteile niedrigere Preise. Doch diese Alternative hat in den letzten Jahren stark an Bedeutung gewonnen. Im Gegensatz zur Erstzeichnung einer Schiffsbeteiligung haben sich die Anteile bereits einige Jahre bewährt. Heute werden Höchstpreise gezahlt. Die sich daraus entwickelten Zweitmarktfonds bieten für den Anleger hohe Auszahlungen, eine breite Risikostreuung und eine kurze Laufzeit. Ein Zweitmarktfonds ist ein Fonds, der Gelder von potenziellen Anlegern sammelt und diese in gebrauchte Anteile geschlossener Fonds investiert. Der Erstanleger muss beim Verkauf seiner Anteile seinen vorhandenen Unterschiedsbetrag versteuern, dass bedeutet für den Verkäufer keine zusätzlichen anfallenden Steuern, es wird lediglich sein pauschal ermittelter Gewinn versteuert.

Die Arbeit greift die wesentlichen Besteuerungsprobleme und -vorteile des Anlegers an einer direkten oder indirekten Schiffsbeteiligung umfassend auf. Durch die hohe Änderungsgeschwindigkeit des Steuerrechts hat die Arbeit für die kommenden Jahre in manchen Punkten kaum noch Relevanz, aber dennoch vermittelt sie wichtige Einsichten für den Anleger. Die Arbeit basiert auf dem aktuellen Recht, aber es ist auf geplante Rechtsänderungen in naher Zukunft hingewiesen worden.

1.2 Aufbau der Arbeit

Ziel der vorliegenden Arbeit ist es, das komplizierte Geflecht der Schiffsgesellschaft bzw. Fondsgesellschaft und besonders deren steuerliche Behandlung auf Seiten einer Schiffsgesellschaft, Fondsgesellschaft und des Anlegers vorzustellen. Dabei wird zuerst im 2. Kapitel auf die Grundlagen und Begriffe eingegangen. Im 3. Kapitel werden die rechtlichen Formen einer Schifffahrts- und Fondsgesellschaft und deren Gesellschafter kurz erläutert. Dabei sollen die allgemeinen Merkmale und Vorzüge für die Wahl einer GmbH & Co. KG dargestellt werden.

Die letzten 3 Kapitel beinhalten den Hauptteil dieser Arbeit. Im 4. und 5. Kapitel wird die Gewinnermittlung auf Ebene der Schiffsgesellschaft und der Fondsgesellschaft sowie die Behandlung von Veräußerungstatbeständen und den darauf entfallenden Steuerarten abgehandelt. Zusätzlich wird im Kapitel 4 auf den Wechsel von der herkömmlichen Gewinnermittlung in die Tonnagegewinnermittlung und die daraus resultierenden Steuerauswirkungen eingegangen. Anschließend werden im 6. Kapitel die steuerlichen Konsequenzen der Gewinne für die Gesellschafter sowie die steuerlichen Behandlungen im Zuge einer Veräußerung der Anteile bzw. Veräußerung der ganzen Gesellschaft dargestellt. Zukünftige Änderungen in der Steuergesetzgebung und deren Folgen sind mitberücksichtigt worden.

In der Zusammenfassung sind die behandelten Kapitel noch einmal gebündelt und knapp dargestellt.

2. Grundlagen und Begriffserklärungen

2.1 Begriffe

2.1.1 Internationale Seeschifffahrt

Die internationale Seeschifffahrt befindet sich außerhalb der 12-Seemeilen-Zone der jeweiligen Staaten. Freiheit ist das zentrale Prinzip des Seerechtes, d. h. jedes Schiff darf die Meere befahren. In diesem Areal gilt nicht mehr das nationale Seerecht, das sich auf die Binnenschifffahrt bezieht, sondern einer der ältesten Vorschriften der Menschen, das Seerechtsübereinkommen der Vereinten Nationen.[5] Beteiligt in dieser Organisation sind bis zum jetzigen Zeitpunkt 155 Mitgliedstaaten.[6]

In Deutschland wird zwischen dem Erst- und dem Zweitregister unterschieden. Im ersten Register sind die Schiffe registriert, die im nationalen Verkehr steuern, dazu zählen Fähren oder Ausflugsschiffe.[7] Das Zweitregister (internationales Register) wurde am 05.04.1989 durch den Bundestag und Bundesrat zur Sicherung der Wettbewerbsfähigkeit beschlossen. Hierin können deutsche Seeschiffe eingetragen werden, die die Bundesflagge führen und überwiegend im internationalen Verkehr eingesetzt sind. Die Einrichtung des Internationalen Seeschiffsregisters soll dazu beitragen, die Erhaltung einer angemessenen Tonnage unter deutscher Flagge zu sichern.[8]

2.1.2 Beflaggung

Die eigentliche Kontrolle der Schiffe hat die Regierung des Staates, unter dessen Flagge das Schiff fährt. Anerkannt ist aber, dass Staaten im Rahmen der sogenannten Hafenstaatskontrolle eine begrenzte Aufsicht über ein Schiff ausüben kann, das nicht seine eigene Flagge führt.[9] Die Hafenstaatskontrolle beinhaltet die Durchsetzung internationaler Normen für die Schiffssicherheit, die Verhütung von Verschmutzung und die Kontrolle von Lebens- und Arbeitsbedingungen an Bord von Schiffen.[10]

Den Anspruch, die deutsche Flagge zu führen, haben alle Seeschiffe, deren Eigentümer Deutsche sind und ihren Wohnsitz im Geltungsbereich des Grundgesetzes haben, s. § 1

---

[5] Vgl. Anhang I, Nr. 4
[6] Vgl. Anhang I, Nr. 5
[7] Vgl. Anhang I, Nr. 6
[8] Vgl. Anhang I, Nr. 7
[9] Vgl. Gerstenberger/Welke, Seefahrt im Zeichen der Globalisierung, 2002, S. 182
[10] Vgl. Anhang I, Nr. 8

Flaggenrechtsgesetz. Nach § 12 FlaggenRG müssen diese, die ein internationalen Handel betreiben i.S.d. EStG, im internationalen Schiffsregister auf Antrag eingetragen sein. Das FlaggenRG ist verfasst worden, um Verstöße gegen das Tragen der Bundesflagge zu verhindern.

Leider wird in manchen Staaten die eigene Flagge bevorzugt, das erkennt ein jeder daran, dass die Schiffe, die unter fremder Flagge höhere Gebühren und Zölle zahlen müssen, gezwungen sind, längere Wartezeiten zu akzeptieren, Liegeplatzzuweisungen bekommen und sich dazu verpflichten, Formalitäten und Anmeldefristen einzuhalten, etc.[11] Diese Flaggen-diskriminierung unterstützt zwar die Schifffahrt des eigenen Landes, aber schädigt den Wettbewerb aller Schiffe.[12]

Aus politischen, ökonomischen oder auch militärischen Gründen ziehen die Reedereien in Erwägung, ihre Schiffe auszuflaggen. Als ausgeflaggt gelten derzeit in Deutschland 2.534 Schiffe[13] (davon 2.314 Schiffe Bareboat Charter und 220 Schiffe mit ausländischer Flagge in ausländischen Registern), die im Betriebsvermögen inländischer Reedereien geführt werden, aber unter fremden Flaggen fahren. Am häufigsten verwendete Beflaggung sind Antigua, Liberia, Zypern. Diese Staaten sind bereit in ihr „offenes Schiffsregister", Schiffe von anderen Staaten, fast ohne Bedingungen, zu registrieren. Dieses System wird in Schifffahrtskreisen „Flags of Convenience" genannt, das als Billigflagge definiert ist. Hier befinden sich der ökonomische Nutzen aus einem Schiff und die tatsächliche Kontrolle über seinen Betrieb in einem anderen Land und nicht in dem Land, dessen Flagge das Schiff führt.[14]

2.1.3 Bereederung und Reederer

Bereederung ist die technische und betriebswirtschaftliche Führung eines Schiffes.[15] Der Bereederer übt die Bereederung aus bzw. ist als Schiffsmanager tätig. Der Bereederer ist zuständig für die Besatzung, für den Einkauf von Ersatzteilen und Instandsetzung des Schiffes, Vercharterung, Befrachtung, Abschluss aller notwendigen Versicherungen, stellt den Proviant und Treibstoff bereit, die finanzielle Abwicklung und organisiert die Reiserouten.[16] Oft werden von den Vertragsreedern Teile ihrer Aufgaben weiter an Unterauftragnehmer

---

[11] Vgl. Biebig/Althof/Wagener, Seeverkehrswirtschaft, 2004; S. 128
[12] Vgl. Anhang I, Nr. 9
[13] Vgl. Anhang I, Nr. 10
[14] Vgl. Gerstenberger/Welke, Seefahrt im Zeichen der Globalisierung, 2002, S. 182
[15] Vgl. Anhang I, Nr. 11
[16] Vgl. Anhang I, Nr. 12

weitergegeben. Grund dafür ist, dass diese Unterauftragnehmer kompetenter und erfahrender in ihren Aufgaben sind.[17]

Für die Verwaltung des Schiffes wird ein Bereederungsvertrag zwischen Eigentümer und Vertragsreeder abgeschlossen. Der Vertragsreeder ist demzufolge nicht der Eigentümer des Schiffes.[18] Die Aufgaben, Haftungsfragen und sonstigen betriebswirtschaftlichen Tätigkeiten werden in dieser Vereinbarung geregelt.[19] Darüber hinaus wird in Übereinkunft eine Bereederungsgebühr ausgehandelt. Diese beträgt im normalen Fall 4-5 % der Bruttoeinnahmen.[20] Meist ist es üblich, dass der Vertragsreeder nicht nur durch das Vertrags-verhältnis gebunden ist, sondern direkt an der Schifffahrtsgesellschaft beteiligt ist und daher Interesse daran hat, einen bestmöglichen Erfolg zu erzielen.[21]

Ist die Reederei Eigentümer, so ist nach der Reeder eines ihm zum Erwerb durch die Seefahrt dienenden Schiffes (§ 484 HBG) und für den Schaden verantwortlich, den eine Person auf dessen Schiff verursacht, s. § 485 HGB. Die Reedereien werden heute oftmals in den Rechts-formen einer Personengesellschaft oder als juristische Person geführt, wobei das HGB im § 489 eine besondere, altertümliche Organisationsform, die Partenreederei (engl. shipowning partnership), definiert.[22]

2.1.4 Bareboat- und Zeitcharter

Bareboat-Charter ist die Vermietung eines unbemannten Schiffes gegen eine Nutzungsgebühr über einen bestimmten Zeitraum oder einer einzelnen Reise.[23] Steuerlich zählen diese Einnahmen zu den Einkünften aus Vermietung und Verpachtung. Eine Möglichkeit zur Tonnagegewinnermittlung ist bei Bareboat-Charter nicht möglich.[24]

Der Charter ist verantwortlich für die Bereitstellung der Besatzung, Kapitäns, sowie für die Technik und Wartung, sprich er muss sämtliche verursachten Reisekosten übernehmen.[25] Im Gegensatz dazu ist der Vercharterer für die Versicherungen verantwortlich und kann als wirtschaftlicher Eigentümer die Abschreibung auf das Schiff vornehmen. Kenntnisse über die Reederei und Verschiffung braucht der Vermieter nicht.[26]

---

[17] Vgl. Verkaufsprospekt König & Cie., Renditefonds 50 MT King David, S. 54
[18] Vgl. Verkaufsprospekt Lloyd Fonds, Erfolgreich anlegen, S. 27
[19] Vgl. Anhang I, Nr. 11
[20] Vlg. Anhang I, Nr. 13 Abs. 1
[21] Vgl. Verkaufsprospekt Lloyd Fonds, Erfolgreich anlegen, S. 28
[22] Vgl. Anhang I, Nr. 14
[23] Vgl. Anhang I, Nr. 15
[24] Vgl. Anhang I, Nr. 16
[25] Vgl. Anhang I, Nr. 13 Abs. 2
[26] Vgl. Biebig/Althof/Wagener, Seeverkehrswirtschaft, 2004, S. 188

Der Vorteil für den Charterer liegt darin, dass hier kein Wechsel des Schiffsregisters erfolgen muss und dennoch kann eine fremde Flagge geführt werden. Es können demzufolge niedrigere Kosten im Bereich der Wartung, Besatzung, etc. anfallen. Der Bareboat-Chartervertrag gehört nicht zu der Kategorie Transportvertrag, sondern ist eine Form der Schiffsfinanzierung und –beschaffung.[27]

Die Zeitvercharterung hingegen ist eine Charterung eines voll ausgerüsteten und bemannten Schiffes.[28] Die Charterdauer kann sich auf wenige Wochen oder über mehrere Jahre belaufen.[29] Im Gegensatz zu der Bareboat-Vercharterung gehören die Einnahmen zu den Einkünften aus Gewerbebetrieb.[30] Alle Kosten (Hafenkosten, Kanalpassagen, Lade- und Löschkosten, etc.), die mit dem Einsatz des Schiffes zusammenhängen, trägt der Charterer. Der Reeder übernimmt die reiseunabhängigen Kosten, wie Besatzung, Abschreibung, Reparatur, Versicherung.[31]

Die geschlossenen Schiffsfonds bevorzugen i.d.R. die Zeit-Charterverträge.[32]

2.1.5 Chartervertrag

Der Chartervertrag, auch Seefrachtvertrag genannt, beinhaltet entweder die gesamte Ladefläche eines Schiffes (Vollcharter) oder nur bestimmte einzelne Laderäume (Raumcharter). Unterschieden werden zudem noch Zeitcharterverträge, die für eine gewisse Zeitspanne gelten, Reisecharterverträge, die für eine feste Reise gültig sind und konsekutive Reisecharterverträge, die für mehrere Reisen verbindlich sind.[33]

Die Preise der Vermietung werden in Tages-Mietpreisen oder Charterraten meist als US-$-Währung angegeben.[34] Die Wahl, welcher Chartervertrag letztendlich abgeschlossen wird, ist bedingt durch die Leistungen, für die der Vercharterer zuständig ist und welche Kosten in der Charterrate berücksichtigt werden.[35] Die Charterraten entstehen anhand der aktuellen Marktlage.

---

[27] Vgl. Anhang I, Nr. 17
[28] Vgl. Verkaufsprospekt Lloyd Fonds, Erfolgreich anlegen, S. 28
[29] Vgl. Anhang I, Nr 18
[30] Vgl. Anhang I, Nr. 19
[31] Vgl. Biebig/Althof/Wagener, Seeverkehrswirtschaft, 2004, S. 187
[32] Vgl. Verkaufsprospekt Lloyd Fonds; Erfolgreich anlegen, S. 29
[33] Vgl. Spera, Handel und Transport - Handbuch für die Güterbeförderung in den Außenwirtschaftsbeziehungen, 2002, S.202
[34] Vgl. Anhang I, Nr. 13 Abs. 3
[35] Vgl. Biebig/Althof/Wagener, Seeverkehrswirtschaft, 2004, S. 197

Wichtige Bestandteile eines solchen Vertrages sind:

- Aufführen der Vertragsparteien, genaue Darstellung des Schiffes, wie Größe und Aufnahmevolumen,
- Ort und Zeitpunkt der Bereitstellung des Schiffes und der Rücklieferung,
- Wartung und sonstige Pflichten des Charterers, wie Erhaltung des Schiffes in vertragsmäßigem Zustand.[36]

2.1.6 Charterer

Der Charterer ist der Mieter eines Schiffes für einen bestimmten Zeitraum oder für eine oder mehrere Reisen. Für die Überlassung des Schiffes zahlen sie eine Charterrate meist in US-$ pro Tag.[37] Allgemein wird der erste Vertrag über mehrere Jahre abgeschlossen. Die Länge des Vertrages ist abhängig davon, wie sich die aktuelle Wirtschaftslage verhält und welcher Schiffstyp momentan gefragt ist.[38]

Bei den hohen Personalkosten und hohen Preisen der Schmierstoffe, die zur Zeit herrschen, können niedrige Charterraten diese Kosten kaum noch ausgleichen. Deshalb ist es wichtig, sich gezielt den perfekten Partner auszusuchen, damit die Auflösung einer Schiffsbeteiligung nicht bedroht ist. Für jeden neu auferlegten Fonds ist es ratsam, Sicherheitszuschläge einzuplanen, um eine erhebliche Abweichung der Kalkulationen zu vermeiden.[39]

2.1.7 Treuhand

Um viele Gänge des Anlegers einer Beteiligung an einem geschlossenen Fonds in der Form einer GmbH & Co. KG zu vereinfachen, werden die Aufgaben der Kommanditanteile von einem Treuhänder erfüllt. Im Außenverhältnis gehört dem Treuhänder das Eigentum an dem Treugut, und er übt uneingeschränkt die Kommanditbeteiligung aus. Andersherum ist es im Innenverhältnis. Hier wird durch den Treuhandvertrag (der Treugeber erteilt in Bezug auf das Treugut Anweisungen) die Beteiligung beschränkt gehalten.[40]

Treuhand ist die Verwaltung eines fremden Rechtes, sprich Treugut, durch eine Person (Treunehmer) im eigenen Namen, aber in schuldrechtlicher Bindung gegenüber demjenigen,

[36] Vgl. Biebig/Althof/Wagener, Seeverkehrswirtschaft, 2004, S. 192
[37] Vgl. Verkaufsprospekt König & Cie., Renditefonds 50, MT King David, S. 110
[38] Vgl. Verkaufsprospekt Lloyd Fonds, Erfolgreich anlegen, S. 28
[39] Vgl. Betriebskosten zwingen Schiffsfonds zur Auflösung, Financial Times Deutschland 12.01.2007, von Katrin Berkenkopf aus Köln
[40] Vgl. Zehentmeier/Hermes, Handlungsbedarf bei Übertragung der Treugeberstellung, NWB Nr. 13 vom 27.03.2006, Fach 10 S. 1525 f.

dem das Recht gehört (Treugeber). Es gibt keine gesetzliche Vorschrift über dieses Verhältnis.[41] Der Treunehmer darf das Treugut nicht zu seinem eigenen Vorteil verwenden, er kann es nur ganz oder teilweise in Bestrebung des Treugebers praktizieren.[42]

Die Treuhänder sind meist selber mit einer Kommanditistenstellung an einer Schiffsgesellschaft oder an einer Fondsgesellschaft beteiligt[43]

Für den Investor ist es wichtig zu wissen, dass sein Schiffsfonds in sicheren Händen liegt und er wenig Zeit und Aufwand einsetzen muss. Demzufolge wenden sich viele Anleger an eine Treuhandverwaltung, deren Mühe es ist, den Investor über den Geschäftsverlauf und die Entwicklung ihrer Anlagen immer mit aktuellen Informationen zu beliefern.[44] Ist der Anleger persönlich nicht in der Lage, an einer Gesellschafterversammlung teilzunehmen, dann vertritt die Treuhand ihn, auch dazu ist sie befähigt.

Um das Treuhandverhältnis zu festigen und zu gewährleisten, kann die Treuhand ins Handelsregister als Kommanditistin eingetragen werden.[45]

2.1.8 Emissionshaus

Ein Emissionshaus ist üblicherweise für das Marketing und die Erstellung eines Beteiligungskonzeptes verantwortlich. Das beinhaltet die Berechnungen des Konzeptes als auch umfangreiche Beschreibungen aller wirtschaftlichen, steuerlichen und rechtlichen Gesichtspunkte.[46]

Darüber hinaus ist es für das Einwerben von Eigenkapital zuständig, aber meistens wird die Aufgabe an einen Vertragspartner übertragen. Das heißt, dass das Emissionshaus auch für die Zusammenführung erfahrener und qualifizierte Vertragspartner zuständig ist.[47]

Mittlerweile existieren viele Emissionshäuser am Markt. Deshalb ist es für den Anleger nicht gerade leicht, einen Überblick zu behalten. Umso mehr bietet eine Leistungsbilanz des Hauses eine gute Beurteilung, um später die richtige Entscheidung treffen zu können.[48]

---

[41] Vgl. Brockhaus, Enzyklopädie; Band 27 Talb-Try; 21. Auflage
[42] Vgl. Anhang I, Nr. 20
[43] Vgl. Verkaufsprospekt König & Cie., Renditefonds 50, MT King David, S. 53
[44] Vgl. Verkaufsprospekt I.C.M. Dachfonds mit Zweitmarktbeteiligung, vom 20.10.2005; S. 92
[45] Vgl. Verkaufsprospekt König & Cie., Renditefonds 50, MT King David, S. 53
[46] Vgl. Verkaufsprospekt Lloyd Fonds, Erfolgreich anlegen, S. 25
[47] Vgl. Anhang I, Nr. 21 Abs. 3
[48] Vgl. Verkaufsprospekt Lloyd Fonds, Erfolgreich anlegen, S. 25

2.2 Die Schiffsbeteiligung als geschlossener Fonds auf dem Zweitmarkt

Eine Schiffsbeteiligung ist eine mittelfristige Anlagemöglichkeit an einem oder mehreren Schiffen. Je nach Anlageobjekt und Entscheidung des Anlegers investiert er in Container-schiffen, Tanker, Bulker, etc. oder sogar auch in Passagierschiffen.[49]

Der Investor tritt in die Stellung eines Kommanditisten ein und ist mit der Höhe seiner Kapitaleinlage beschränkt haftbar. Die häufigste Form, die ein Schiffsbetrieb wählt, ist die GmbH & Co. KG, in die der Anleger eine Mitunternehmerstellung bewirkt.[50]

Die Anforderungen, die ein jeder Anleger an eine gute Investition stellt, sind:

- dass die Anlage eine sehr hohe Sicherheit aufweisen soll,
- dass die Anlage keiner beträchtlichen Inflation ausgesetzt ist,
- dass sie hohe Auszahlungserwartungen anstrebt und
- dass so wenig wie möglich Steuern für die Erträge und das Vermögen zu zahlen sind.

Nicht jede Anlage wird den Anforderungen gerecht, denn die Belastungen, wie Besteuerung oder Inflationsrate, zerren die Ertragszinsen auf. Deswegen kann nur noch mit einem sehr niedrigen Ergebnis gerechnet werden.

Eine Schiffsbeteiligung ist hier genau das Richtige, denn Fonds- und Schiffsgesellschaften versuchen das Maximale an einer solchen Beteiligung herauszuholen. Nicht nur durch die Tonnagebesteuerung, sondern auch durch die große Nachfrage von Charterern an verschiedenen Schiffsklassen, können höhere Renditen als bei festverzinslichen Wertpapieren erwartet werden.[51]

Die Platzgarantie bietet eine zusätzliche, interessante Sicherheit für den Anleger. Sie soll garantieren, dass die Beteiligung trotz des nicht herbeigeführten Kapitals, realisiert wird. Hierzu muss gesagt werden, dass nicht jede Beteiligung eine solche Garantie bereitstellt, deshalb sollte verstärkt darauf geachtet werden.[52]

Eine Schiffsbeteiligung ist ein geschlossener Fonds. Geschlossen deshalb, weil der Fonds geschlossen wird, wenn alle Anteile verkauft sind. Die Beteiligung endet erst, wenn der Fonds mit mehrheitlicher Entscheidung von den Kommanditisten aufgelöst bzw. das Schiff verkauft wird. Dem Zeichner wird dies erst bewusst, wenn er aussteigen möchte, denn selbst mit dem Tod läuft die Beteiligung nicht ab. Eine Chance, sich aus diesem Engagement zu lösen, bietet

---

[49] Vgl. Anhang I, Nr. 22
[50] Vgl. Anhang I, Nr. 21 Abs. 1 und 2
[51] Vgl. Verkaufsprospekt König & Cie., Renditefonds 50, MT King David, S. 37
[52] Vgl. Verkaufsprospekt Lloyd Fonds, Erfolgreich anlegen, S. 25

der Zweitmarkt. Die Anteile können die Investoren an einen anderen Anleger oder an eine Fondsgesellschaft verkaufen. Damit werden sämtliche Rechte und Pflichten an diese übertragen.[53] Heute besteht für den Verkäufer eine gute Chance, seine Beteiligung zu einem anständigen Preis zu verkaufen. Da heutzutage hohe Summen für ein Schiff gezahlt werden, steigen demzufolge auch die Zweitmarktanteile an Schiffen. Früher wurde der Zweitmarkt meist von den Käufern genutzt, die die Notlage der Anleger ausnutzten und ihnen zu geringen Preisen die Anteile abkauften.[54]

Die geschlossenen Fonds geben den Anlegern die Möglichkeit in ein Investitionsvorhaben einzusteigen, welches auf Grund von umfangreichen finanziellen Mitteln nicht allein zu verwirklichen wäre. Gleichzeitig ist es für die Eigentümer die ideale Eigenkapitalbeschaffung und Finanzierung des Schiffes.[55] Für die Anleger ist der Zweitmarkt sehr lukrativ, denn dadurch, dass der Fonds schon einige Jahre existierte, können sie feststellen, ob der Fonds sich positiv oder negativ entwickelt hat. Weitere Vorteile, die für eine Schiffsbeteiligung sprechen, sind die hohen Renditen, der Verkaufszeitpunkt kann selbst bestimmt werden und die Anlagen sind unabhängig vom Aktien- und Rentenmarkt, sprich, bricht der Aktienmarkt zusammen, hat dies geringe Auswirkungen auf den Schiffsfonds. Derzeit gehen die Investitionen zu fast zwei Dritteln an die Containerschiffe, der Rest an Tanker, Bulker und sonstige Schiffstypen.[56]

Geschlossene Fonds können im Gegenzug zu offenen Fonds an folgenden Merkmalen erkannt werden:

- Es besteht ein festgelegtes Kapital und es wird nur eine begrenzte Anzahl an Kapitalanlegern aufgenommen. Ist dieses Kapital vorhanden, wird der Fonds geschlossen.
- Schiffsbeteiligungen haben eine befristete Anlagelaufzeit von etwa 15 bis 20 Jahren und werden meist durch Verkauf des Schiffes beendet.
- Anlagehöhe beträgt mindestens 10.000 Euro und mehr.
- Sie treten zu 90% in der Rechtsform einer GmbH & Co. KG auf, in der das Kapital begrenzt haftbar ist und die dennoch als Personengesellschaft gilt.[57]

---

[53] Vgl. Fischer, Consultant-Fachmagazin für steuer- und wirtschaftsberatende Berufe; Ausg. April 2007; S. 42
[54] Vgl. Fischer, Consultant-Fachmagazin für steuer- und wirtschaftsberatende Berufe; Ausg. April 2007; S. 44
[55] Vgl. Verkaufsprospekt Lloyd Fonds, Erfolgreich anlegen, S. 6
[56] Vgl. Fischer, Consultant-Fachmagazin für steuer- und wirtschaftsberatende Berufe; Ausg. April 2007; S. 44
[57] Vgl. Verkaufsprospekt Lloyd Fonds, Erfolgreich anlegen, S. 8-9

2.3 Die häufigsten Anlageobjekte

In den nun folgenden Absätzen werden kurz die drei häufigsten Schiffsarten, Containerschiff, Tanker und Bulker, vorgestellt.

Containerschiffe verschiffen registrierte Metallbehälter, die eine Vielzahl von Gütern transportieren können, wie Kleidung, Möbel, Motorräder, Kühlprodukte, etc. Das Schiff wird so gebaut, dass jeder Raum genutzt werden kann.[58] Der Vorteil der Container ist, dass sie durch ihre standardisierten Maße leicht auch auf Zügen oder Lkws transportiert werden können. Des Weiteren können mit einem Transport, wenn das kleinste Containerschiff mit 1.000 TEU Ausgangspunkt ist, 1.000 Container verschifft werden, wozu ansonsten 500 Lkws (1 LKW = 2 Container) nötig wären.[59]

Diese Schiffe werden nach Stellplatzkapazität unterschieden. Die Einheitsgrößen betragen 20-Fuß-Container kurz TEU und 40-Fuß-Container kurz FEU.

Die Containerschiffe sind meist zusätzlich mit eigenen Kränen und einer Bugstrahlruderanlage, das dem Schiff eine eigene Manövrierfähigkeit verleiht, ausgerüstet. Dadurch benötigt der Charterer keine Schlepperhilfe und ist nicht auf Kräne in den Häfen angewiesen, das wiederum bedeutet, dass weniger Kosten für den Charterer anfallen.[60]

Die Tanker dienen zum Transport von flüssigen Stoffen, wie Kraftstoffe, Laugen, Säuren, Rohölen, aber auch Wasser. Erkennungsmerkmal der Tanker sind die flachen Decks mit den aufragenden Brücken. In den meisten Schiffen befindet sich in der Ausstattung ein selbstständiges Pumpsystem für das Be- und Entladen der Fracht. Dies ist sehr zum Vorteil der Charterer, die dadurch nicht mehr abhängig von den Systemen an den Häfen sind und dadurch einen hohen Kostensparfaktor haben.[61]

Diese Schiffsart ist neben den Containerschiffen eine bevorzugte Investition der Schiffsfonds, die durch die enorme Nachfrage an Öl immer mehr an Beliebtheit gewonnen hat.

Durch die Tankerunfälle in der Vergangenheit dürfen Einhüllentanker nicht mehr gebaut werden und müssen von Zeit zu Zeit verschrottet werden. Dafür kommen die Doppelhüllentanker, die nach den Anforderungen der Klassifikationsgesellschaft American Bureau of Shipping gebaut werden, zum Einsatz.[62] Zum anderen werden, um Explosionen zu

---

[58] Vgl. Anhang I, Nr. 23
[59] Vgl. Anhang I, Nr. 24
[60] Vgl. Verkaufsprospekt Twinfonds IV, 15. Oltmann Gruppe, Tonnagesteuer Renditefonde, S. 12
[61] Vgl. Anhang I, Nr. 25
[62] Vgl. Verkaufsprospekt Lloyd Fonds, Erfolgreich anlegen, S. 16

vermeiden, in den Tankleerräumen reaktionsträge, Sauerstoff ersetzende Inertgase gepumpt, um leicht entzündliche Reaktionen zu verhindern.[63]

Ein Bulkerschiff wird für trockene Rohstoffe eingesetzt.[64] Denn die Trockenwaren wie Getreide, Erze, Kohle, Zucker oder sogar Schrott sind für die Container nicht geeignet.[65] Typisch für diese Schiffart ist, dass die Güter lose und in Massen verschifft werden [66] Wichtig bei diesem Massengutfrachter ist die Sicherung der Ladung, denn durch das lose Transportieren kann die Fracht verrutschen und im schlimmsten Fall zum Kentern führen. Um das zu vermeiden, sollten geeignete Staumethoden angewandt werden und abgeschlossene Laderäume und Gegenballasttanks vorhanden sein.[67]

Bulker sind mit 38 % (Stand Mai 2006), noch vor den Containerschiffen, in der Welthandelsflotte vertreten. Spürbar jedoch ist, dass durch den instabilen Bulkermarkt die Investition des deutschen Anlegers in Bulkerschiffe zurückhaltend ist.[68]

2.4 Risiken und Chancen der Schiffsbeteiligung

Eine Beteiligung an einem Schiff bzw. an einem Schiffsfonds ist immer mit unterschiedlichen Risiken und zugleich mit Chancen behaftet. Die bevorstehende Entwicklung kann von wirtschaftlichen, rechtlichen und steuerlichen Faktoren beeinflusst werden, die augenblicklich nicht absehbar sind und von den analytischen Sollvorgaben, die jede Beteiligung plant, positiv oder negativ divergieren können.

Die Risiken eines Dachfonds sind im Gegensatz zu der einfachen Schiffsbeteiligung geringer, da durch die Investition in mehrere Schiffe, eine Risikostreuung angestrebt wird. Damit sind die Anleger mit ihrer Investition nicht nur von einem einzigen Schiff abhängig.[69] Darüber hinaus versucht die Fondsgesellschaft sich Beteiligungen auszusuchen, die bereits zur Tonnagebesteuerung optiert haben. Denn durch die pauschale Gewinnermittlung fließen den Anlegern höhere Auszahlungen und steuerfreie Verkaufserlöse aus dem Verkauf von Schiffen oder Beteiligungen zu.[70] Die hohen Verkaufserlöse hängen allerdings auch von der aktuellen

[63] Vgl. Anhang I, Nr. 25
[64] Vgl. Verkaufsprospekt Lloyd Fonds, Erfolgreich anlegen, S. 16
[65] Vgl. Anhang I, Nr. 26; Leo Fischer 01.05.2006
[66] Vgl. Verkaufsprospekt Lloyd Fonds, Erfolgreich anlegen, S. 16
[67] Vgl. Anhang I, Nr. 27
[68] Vgl. Anhang I, Nr. 26
[69] Vgl. HTB Siebte Hanseatische Schiffsfonds GmbH & Co. KG, Verkaufsprospekt zum Zweitmarkt, S. 12
[70] Vgl. Verkaufsprospekt König & Cie., Renditefonds 50, MT King David, S. 35

Marktsituation ab, ob der Markt in dieser Zeit mit gebrauchten Schiffen gesättigt ist und ob die Verkaufsagenten gute Konditionen aushandeln können.[71]

Eine Schiffsgesellschaft versucht meistens ihr Kapital nur durch Anleger zu beschaffen. Hierdurch können zusätzliche Zinskosten vermieden werden. Wird aber die komplette Kapitalsumme nicht eingeworben, so kann die restliche Summe als Notlösung fremdfinanziert werden. Es würden dann allerdings Zins- und Darlehenskosten anfallen.[72]

Für den Investor selber besteht die Möglichkeit, die Anlage über seine Hausbank zu finanzieren. Wenn er aber sein Darlehen durch die geplanten Auszahlungen bedienen möchte, reichen diese, durch die verschlechterte Wirtschaftslage der Gesellschaft, womöglich nicht für die Tilgung des Darlehens aus.[73] Erleidet die Gesellschaft, aus welchen Gründen auch immer, einen Totalverlust, so besteht die Schuld gegenüber dem Kreditinstitut weiterhin und der Zeichner ist zur Rückzahlung verpflichtet.[74]

Der Investor muss mit der Auflösung der Gesellschaft rechnen, wenn die komplette Investitionssumme nicht eingeworben bzw. auch nicht fremdfinanziert werden kann. Zunächst werden alle offenen Schulden beglichen und nur das übrige Kapital wird anschließend an die Investoren ausgezahlt. Unerfreulich wird es, wenn das Vermögen nicht der eingebrachten Summe entspricht oder ein Totalverlust anfällt.[75]

Schlechte Verhältnisse auf dem Chartermarkt kann die Wirtschaftlichkeit des Schiffes erheblich verschlechtern, wenn zum einen Charterausfälle auftreten oder wenn tatsächliche erzielbare Charterraten unter den geplanten Charterraten liegen. Womit auch gerechnet werden muss, ist, dass die Charterer die Charterrate nicht rechtzeitig bezahlen.[76] Des Weiteren können nicht nur niedrige Charterraten das Betriebsergebnis negativ beeinflussen, sondern auch die ansteigenden Kraftstoffpreise.[77]

Wiederum kann sich die Wirtschaftlichkeit auch zum Positiven wenden. Treten höhere Frachterlöse und niedrigere Betriebskosten auf als erwartet, erhöhen sie den Gewinn. Zu dem sichern Festcharterverträge für mehrere Jahre die Einnahmen.[78]

Die zukünftigen Erwartungen auf dem Zweitmarkt können präziser ermittelt werden, da bereits vergangenheitsbezogene Daten vorlagen. Bei neuauferlegten Fonds sind noch keine genaueren Daten zum Vergleich und für die Zukunftsberechnung vorhanden. Daher können

---

[71] Vgl. Verkaufsprospekt Twinfonds IV, 15. Oltmann Gruppe, Tonnagesteuer Renditefonde, S. 11
[72] Vgl. HTB Siebte Hanseatische Schiffsfonds GmbH & Co. KG, Verkaufsprospekt zum Zweitmarkt, S. 7
[73] Vgl. Verkaufsprospekt König & Cie., Renditefonds 50, MT King David, S. 22
[74] Vgl. HTB Siebte Hanseatische Schiffsfonds GmbH & Co. KG, Verkaufsprospekt zum Zweitmarkt, S. 12
[75] Vgl. Verkaufsprospekt König & Cie., Renditefonds 50, MT King David, S. 21
[76] Vgl. Verkaufsprospekt Twinfonds IV, 15. Oltmann Gruppe, Tonnagesteuer Renditefonde, S. 6
[77] Vgl. HTB Siebte Hanseatische Schiffsfonds GmbH & Co. KG, Verkaufsprospekt zum Zweitmarkt, S. 14
[78] Vgl. Verkaufsprospekt König & Cie., Renditefonds 50, MT King David, S. 35

die Renditen eines neuauferlegten Fonds im Gegensatz zum Zweitmarktfonds am Anfang geringer sein, als wie vom Anleger erwartet. [79]

Auch im steuerlichen Bereich gibt es Risiken und selten auch positive Effekte, da die Gesetze immer mit ständigen Veränderungen verbunden sind. Sie können den ausgewiesenen Gewinn eines Kommanditisten schlechter (positiver) darstellen und führen für ihn zu niedrigen (höheren) Steuerbelastungen. [80]

Ein jeder, der ein solches Geschäft als große Chance sieht, schnelles Geld zuverdienen, sollte immer an die Risiken denken. Empfehlenswert ist es, eine Beteiligung nur mit ausreichendem Eigenkapital abzuschließen. Eine Fremdfinanzierung wäre keine sinnvolle Lösung, weil die Risiken sich nicht vollständig verdrängen lassen.

---

[79] Vgl. HTB Siebte Hanseatische Schiffsfonds GmbH & Co. KG, Verkaufsprospekt zum Zweitmarkt, S. 7
[80] Vgl. Verkaufsprospekt Twinfonds IV, 15. Oltmann Gruppe, Tonnagesteuer Renditefonde, S. 9

3. Rechtliche Formen einer Schifffahrts- und Fondsgesellschaft

3.1 GmbH & Co. KG

3.1.1 Einfache GmbH & Co. KG und Publikums-KG

Die GmbH & Co. KG bietet die Chance, die Vorteile der Rechtsformen einer Personengesellschaft und einer Kapitalgesellschaft miteinander zu verbinden.[81] Die heute häufigste und traditionellste angewendete Struktur ist die einfache GmbH & Co. KG.[82] Die GmbH & Co. KG ist eine Kommanditgesellschaft (KG) i.S.d. § 161 Abs. 1 HGB, bei der mindestens eine GmbH die Komplementär(Vollhafter)-Stellung einnimmt. Obwohl sie durch den Ausschluss der persönlichen Haftung wirtschaftlich einer Kapitalgesellschaft ähnelt, gilt sie dennoch zivilrechtlich als auch steuerrechtlich als Personengesellschaft.[83]

I.d.R. wählt die Schifffahrtsgesellschaft die Rechtsform einer Publikums-KG aus. Sie ist ein besonderer Fall der GmbH & Co. KG, die sich durch eine Vielzahl von Kommanditisten, deren Aktivität sich nur auf rein kapitalmäßige Anteile beschränkt, auszeichnet.[84] Der Kommanditist hat keinen rechtlichen Einfluss auf die Gesellschaft und Aufnahme neuer Gesellschafter. Die Begründer-GmbH (Komplementär) behält meist als alleinige Geschäftsführerin die rechtliche und tatsächliche Herrschaft in der Gesellschaft.[85] Die Anleger fungieren entweder als mittelbare oder unmittelbare Kommanditisten und sind anteilig mit ihrer Kapitaleinlage am Gewinn beteiligt. Die indirekte Beteiligung des Anlegers läuft über eine Treuhandgesellschaft.[86]

Der persönlich haftende Gesellschafter (Komplementär) erhält auch die Möglichkeit, eine natürliche, eine andere juristische Person (AG, Stiftung) oder eine Personengesellschaft (OHG, KG) zu sein. Wiederum können diese Personen auch die Stellung eines Kommanditisten einnehmen. Nicht möglich ist, dass eine Gesellschaft des bürgerlichen Rechts eine Beteiligung an der KG erwirbt. Ebenfalls kann eine Erbengemeinschaft als Ganzes keine Kommanditistenstellung erwerben, nur die Erben selber erhalten durch die Erbquote diese Stellung.[87]

Die Vorzüge einer solchen Gründung sind, dass eine Kapitalgesellschaft als Komplementär tätig ist, während natürliche Personen (Anleger) als Kommanditisten handeln und deren

[81] Vgl. Heinhold/Bachmann/Hüsing, Besteuerung der Gesellschaften, 2004, S. 149
[82] Vgl. Brönner/Rux/Wagner, Die GmbH & Co. KG, 1998, S.40, RZ 17
[83] Vgl. Heinhold/Bachmann/Hüsing, Besteuerung der Gesellschaften, 2004, S. 149
[84] Vgl. Brönner/Rux/Wagner, Die GmbH & Co. KG, 1998, S.42, RZ 27
[85] Vgl. Fichtelmann, Die GmbH & Co. KG im Steuerrecht, 1999, S. 185, RZ 741
[86] Vgl. Verkaufsprospekt Lloyd Fonds, Erfolgreich anlegen, S. 9
[87] Vgl. Brönner/Rux/Wagner, Die GmbH & Co. KG, 1998, S.45f., RZ 34-39

Haftung sich nur auf die Einlage beschränkt.[88] Nach wie vor gilt für die GmbH der § 161 Abs. 2 i.V.m. § 128 HGB. Diese Regelung beinhaltet, dass die Haftung gegenüber Gläubigern unbeschränkt ist, da sie aber eine Gesellschaft mit beschränkter Haftung darstellt, haftet diese für Verbindlichkeiten nur mit dem Gesellschaftsvermögen, § 13 Abs. 2 GmbHG.[89]

Durch die Vollhafterfunktion der GmbH hat sie die Geschäftsführung unmittelbar für die Geschäfte der eigenen Gesellschaft und mittelbar für die Geschäfte der GmbH & Co. KG.[90]

Wie schon erwähnt sind die Rechte der Anleger sehr beschränkt. Ihnen ist lediglich das Stimmrecht, Informationsrecht, Recht auf Beteiligung an Gewinn und Verlust der Gesellschaft, Recht auf Entnahmen und das Recht auf Teilhabe am Liquidationserlös vorbehalten.[91]

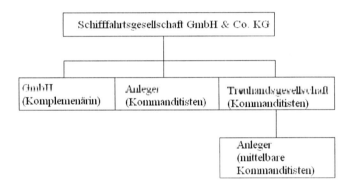

Abb. 1: Einfache GmbH & Co. KG – einfache Schiffsbeteiligung

Die Zeichnung bildet eine Variante einer einfachen Schiffsbeteiligung ab, wie oben erwähnt, können sowohl natürliche als auch juristische Personen die Stellung eines Komplementärs oder eines Kommanditisten einnehmen.

3.1.2 Die Doppelstöckige GmbH & Co. KG – auch Dachfonds oder Flottenfonds

Auf dem Beteiligungsmarkt ist nicht nur eine einfache Beteiligung an einer Schiffsgesellschaft in Form einer einfachen GmbH & Co. KG oder Publikums-KG möglich, dadurch, dass sich die Anleger entweder direkt oder indirekt über eine Treuhandgesellschaft beteiligen können. Es besteht auch die Option, das Vermögen in zahlreiche verschiedene

---

[88] Vgl. Fichtelmann, Die GmbH & Co. KG im Steuerrecht, 1999, S. 25, RZ 82
[89] Vgl. Verkaufsprospekt König & Cie., Renditefonds 50, MT King David, S. 26
[90] Vgl. Heinhold/Bachmann/Hüsing, Besteuerung der Gesellschaften, 2004, S. 150
[91] Vgl. Verkaufsprospekt König & Cie., Renditefonds 50, MT King David, S. 13

Schiffsfonds zu investieren und somit eine Risikostreuung, die sonst nur den offenen Fonds vorbehalten war, zu ermöglichen. Ein solches Gebilde wird in der Rechtsform als doppelstöckige bzw. mehrstufige GmbH & Co. KG gehalten und ist unter dem Begriff eines Dachfonds oder Flottenfonds zu finden. Ein Dachfonds ist ein Investmentfonds, der in einen anderen Investmentfonds investiert.[92]

Eine doppelstöckige Personengesellschaft entsteht, wenn sich eine gewerblich tätige Personengesellschaft als Gesellschafterin (Obergesellschaft) an einer anderen Personengesellschaft (Untergesellschaft) beteiligt und deren Gesellschafter bzw. Anleger durch eine ununterbrochene Mitunternehmer-Kette an die Untergesellschaft gekoppelt sind.[93] Eine Obergesellschaft, sprich eine Fondsgesellschaft, investiert das Kapital ihrer Kommanditisten in mehrere Schiffsbeteiligungen (Untergesellschaften, Zielfonds), die sie auf dem Zweitmarkt erworben haben. Die Anleger sind hierdurch indirekt in verschiedenen Schiffsbeteiligungen einbezogen.

Die Verwaltung und Vertretung der Fondsgesellschaft übernimmt die Komplementär-GmbH. Diese haftet beschränkt mit ihrem Stammkapital in Höhe von 25.000 € oder mehr. Für den Einsatz ihrer Tätigkeit erhält sie eine Vergütung in Höhe eines bestimmten Prozentsatzes des Kommanditkapitals der Fondsgesellschaft.[94]

Zusätzlich zu den normalen Anlegern kann eine Treuhänderin als Kommanditistin beitreten, die die Verwaltung des Treugutes und die Betreuung der Anleger zur Aufgabe hat.[95] Diese erhält für ihre Tätigkeit eine Vergütung von der Fondsgesellschaft. Die Höhe der Vergütung ist von Gesellschaft zu Gesellschaft unterschiedlich und ist meist ein bestimmter Prozentsatz, der von ihr treuhänderisch gehaltenen Kommanditeinlagen.[96]

Der Vorteil von diesem Gebilde ist, dass die Fondsgesellschaft wie ein Kommanditist gehandelt wird und die Haftung sich nur auf seine Kapitaleinlage beschränkt. Durch die Anlage an mehreren Beteiligungen werden die Risiken gestreut, näheres dazu in dem vorherigen Pkt. 2.4. - Risiken und Chancen einer Schiffsbeteiligung.

Vor 1991 war noch jede einzelne Personengesellschaft als eigenständiges Steuersubjekt tätig und die mittelbare Beteiligung wurde nicht als eine Mitunternehmerin behandelt.[97] Erst nach der Änderung des § 15 Abs. 1 Satz 1 Nr. 2 Satz 2 EStG durch das BFH-Urteil, indem eine mittelbare Beteiligung als unangemessene Rechtsgestaltung galt, wenn eine Obergesellschaft

[92] Vgl. Ammelung/Lindauer, Besteuerung von Dachfonds, NWB Nr. 21 vom 22.05.2006, Fach 3 S. 14025 ff.
[93] Vgl. Preißer/Scheiber, Doppel-und mehrstöckige Personengesellschften, 2007, S.3
[94] Vgl. HTB Siebte Hanseatische Schiffsfonds GmbH & Co. KG, Verkaufsprospekt zum Zweitmarkt, S. 21
[95] Vgl. Verkaufsprospekt I.C.M. Dachfonds mit Zweitmarktbeteiligung; vom 20.10.2005; S. 27
[96] Vgl. HTB Siebte Hanseatische Schiffsfonds GmbH & Co. KG, Verkaufsprospekt zum Zweitmarkt, S. 21
[97] Vgl. Preißer/Scheiber, Doppel-und mehrstöckige Personengesellschften, 2007, S.2

nur zwischengeschaltet wird, wurde die mittelbare Beteiligung als Mitunternehmerin an der Untergesellschaft angesehen und ist seitdem steuerlich mit zu berücksichtigen.[98]

Die Struktur des Dachfonds sieht folgendermaßen aus:

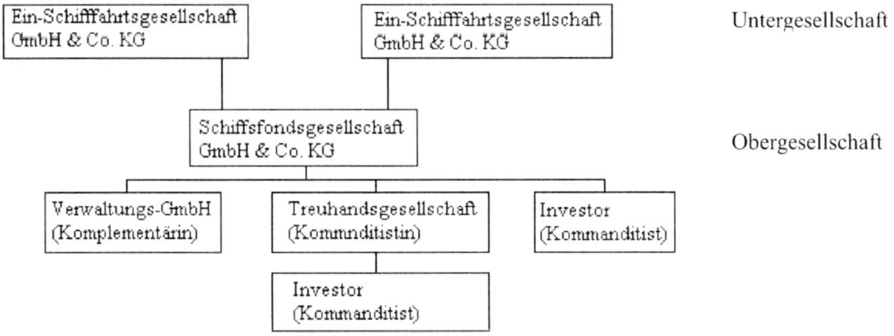

Abb. 2: Dachfonds, Flottenfonds bzw. doppelstöckige GmbH & Co. KG

Der Anleger beteiligt sich über die Schiffsfondsgesellschaft als Kommanditist indirekt an mehreren Ein-Schifffahrtsgesellschaften in Gestalt eines geschlossenen Schiffsfonds. Die Beteiligung kann entweder über eine Treuhandgesellschaft getätigt werden oder der Anleger investiert direkt sein Vermögen in die Schiffsfondsgesellschaft GmbH & Co. KG. [99]

3.2 Partenreederei und ihre Mitreeder

Die Rechtsform der Partenreederei stammt von der BGB-Gesellschaft ab und ist eine altmodische Gesellschaftsform, die als überholt gilt, aber dennoch sollte diese in ihrer Rolle nicht unterbewertet werden.

Eine Partenreederei nach § 489 HGB besteht (auch Ein-Schiff-Unternehmen genannt), wenn mindestens zwei Mitreedern ein ihnen gemeinschaftliches Schiff zum Erwerb durch die Seefahrt für gemeinschaftliche Rechnung zur Verfügung steht.[100] Die Partenreederei ist eine Gesamthandsgesellschaft außergewöhnlicher Art und kann vergleichbar mit einer KG oder OHG Träger von Rechten und Pflichten sein. Die Eigentümer können natürliche oder

---

[98] Vgl. BFH Beschluss vom 25.02.1991 - GrS 7/89, Tätigkeitsvergütung bei doppelstöckiger Personengesellschaft
[99] Vgl. Verkaufsprospekt Schiffsfonds Owner Ship Tonnage III, 04.10.2005, S. 8
[100] Vgl. Dißars/Dißars, Die Partenreederei, NWB Nr. 46 vom 14.11.2005, Fach 18 S.4285

juristische Personen, aber auch eine Personengesellschaft des Handelsrechtes sein.[101] Das Eigentum verteilt sich nach Parten bzw. nach Anteilen auf die Eigner. Besitzen mehrere Inhaber ein weiteres Schiff, so besteht eine neue Partenreederei, da nur eine Partenreederei im Besitz von einem Schiff sein kann.[102] Dies soll gewährleisten, dass die Geschäftsführung und das Haftungsrisiko unkompliziert und überschaubar bleiben.[103] Steuerrechtlich ist eine Partenreederei als Mitunternehmerschaft anzusehen und die Miteigentümer haften persönlich mit ihrem Vermögen.[104]

Die Gründung dieser Gesellschaftsform beginnt mit dem Zusammenschluss einer BGB-Gesellschaft aus mehreren Mitreedern zum Bau eines Schiffes. Diese Phase wird als Vor-Partenreederei bzw. Baureederei bezeichnet und obwohl sie nicht als Partenreederei gilt, sind dennoch einige Verordnungen aus dem HGB anwendbar (§§ 509 Abs.1, 491, 500, 505, 507 Abs. 1 HGB). Ist der Bau des Schiffes abgeschlossen, so wird die Baureederei unaufgefordert in eine Partenreederei mit allen Rechten und Pflichten umgewandelt. Bedingungen für die Gründung einer Partenreederei bedarf es nicht, ausreichend dafür ist der formlose Abschluss eines Reedereivertrages, der zugleich auch als Gesellschaftsvertrag gilt. Die Pflicht zur Eintragung in das Schiffsregister ist keine Wirksamkeitsvoraussetzung für den Gesellschafts-vertrag.[105]

Die Partenreederei kann nach § 506 HGB durch mehrheitlichen Beschluss der Mitreeder aufgelöst werden, wenn nicht andere Gründe für die Beendigung der Gesellschaft in Frage kommen. Weitere Gründe wären Verkauf des Schiffes, Verlust des Schiffes, Konkurs des Schiffes nach § 131 Nr. 3, etc.[106] Nach der Stilllegung werden alle schwebenden Geschäfte beendet und der Rest des Vermögens unter den Mitreedern aufgeteilt. Die Aufgabe der Geschäftsführung und Vertretung erhält i.d.R. ein Korrespondentreeder, der entweder im Reedereivertrag oder durch Entscheidung der Mitreeder bestellt wird.[107]

Die Anteile, die ein Mitreeder der Partenreederei unterhält, werden als Schiffspart bezeichnet. Die Größe dieser ist gesetzlich nicht vorgeschrieben. Beweisurkunden, die die Beteiligung an der Reederei belegen sollen, werden nur in den seltensten Fällen in Form eines Partenbriefes ausgestellt. Die Verteilung des Gewinns und des Verlustes erfolgen nach § 502 HGB je nach Größe des Schiffspartes.

---

[101] Vgl. Riegger/Bälz, Münchener Handbuch des Gesellschaftsrechts, Band 1, 1995 München, S. 1434
[102] Vgl. Anhang I, Nr. 28
[103] Vgl. Dißars/Dißars, Die Partenreederei, NWB Nr. 46 vom 14.11.2005, Fach 18 S.4285
[104] Vgl. Nationale und internationale Besteuerung der Seeschifffahrt; S. 70
[105] Vgl. Dißars/Dißars, Die Partenreederei, NWB Nr. 46 vom 14.11.2005, Fach 18 S.4286
[106] Vgl. Riegger/Bälz, Münchener Handbuch des Gesellschaftsrechts, Band 1, 1995 München, S. 1434
[107] Vgl. Dißars/Dißars, Die Partenreederei, NWB Nr. 46 vom 14.11.2005, Fach 18 S.4287 ff.

Jeder einzelne Schiffspart kann veräußert werden, aber das wird, sofern die Partenreederei im Schiffsverzeichnis registriert ist, erst wirksam, wenn diese gültige Übereinkunft im Schiffsregister eingetragen wurde, s. § 503 Abs. 1 HGB. Ist keine Registratur der Reederei im Schiffsverzeichnis aufgelistet, so bedarf es bei der Veräußerung des Partes keiner Eintragung ins Register.

Die gehaltenen Anteile an einer Partenreederei sind vererbbar. Ist aber eine Erbengemeinschaft der Erbe, so ist jeder einzelne Erbe dieser Gemeinschaft Mitreeder und nicht die Erbengemeinschaft als Ganzes.

Generell gilt nach § 491 Abs. 1 HGB bei einer Beschlussfassung das Mehrheitsprinzip. Der Beschluss kann, wenn keine festen Bestimmungen im Reedereivertrag enthalten sind, vom Mitreeder mündlich oder fernmündlich gefasst werden.

Jeder Mitreeder, der im Namen der Reederei handelt und Aufwendungen erzeugt, welche zum Zwecke der Reederei bestimmt sind, hat ein Anspruch auf Entschädigung. Hingegen sind jegliche Rückgriffe gegen den Mitreeder ausgeschlossen, da sie als Teilschuldner und nicht als Gesamtschuldner haften.

4. Die Schifffahrtsgesellschaft

4.1 Die laufende Besteuerung

4.1.1 Besteuerungssubjekt

Die GmbH & Co. KG zählt als solches nicht als Einkommensteuersubjekt. Die erzielten Einkünfte aus einer Beteiligung werden direkt dem Anleger zugerechnet und bei diesem besteuert. Dieses System wird als Transparenzprinzip bezeichnet.[108] Hier wird die Teilhaberschaft des Mitunternehmers als selbständiger Gewerbebetrieb betrachtet.[109] Dadurch werden die Privatanleger als Gewerbetreibende angesehen.[110] Die Personengesellschaft ist aber ein Subjekt der Gewinnermittlung, da die Gesellschaft eine eigenständige Gewinnermittlung verrichtet. Daher ist von einem eingeschränkt beschränktem Steuerrechtssubjekt zu sprechen.[111]

Der Steuerschuldner in der GewSt ist der Unternehmer, der auf eigene Rechnung das Gewerbe betreibt, gem. § 5 Abs. 1 Sätze 1 und 2 GewStG. Die Personengesellschaft ist Steuersubjekt, wenn die Tätigkeit Gewerbebetrieb ist, s. dazu § 5 Abs. 1 Satz 3 GewStG. Demzufolge werden die Gesellschafter selbst nicht als Gesamtschuldner angesehen, d. h. dass der Gewerbesteuerbescheid direkt an die Gesellschaft gesandt wird und bei fälligen Beträgen in das Vermögen der Gesellschaft vollstreckt wird.[112]

Im Bereich der USt ist derjenige umsatzsteuerfähig, der nach § 2 UStG Unternehmer ist und der eine gewerbliche und berufliche Tätigkeit selbständig ausübt. Demnach ist die Personengesellschaft ein Unternehmer, aber weder die Kommanditisten noch die Komplimentären sind als Unternehmer anzusehen.[113] Im diesen Fall ist das Steuersubjekt die Schifffahrtsgesellschaft.

---

[108] Vgl. Haufe Steueroffice, Themenlexikon; Kommanditgesellschaft, Haufe Index 9558
[109] Vgl. Brönner/Rux/Wagner, Die GmbH & Co. KG, 1998, S.248 RZ 481
[110] Vgl. Haufe Themenlexikon; Immoblien- und Investmentfonds
[111] Vgl. Werner, Einkommensteuerrechtliche Zurechnung bei mittelbaren Beteiligungen an PerG, 2003, Band 12, S.131
[112] Vgl. Brandmüller/Sauer, Bonner Handbuch Personengesellschaft, Bd. 3 Fach F, RZ 1707
[113] Vgl. Haufe Steueroffice, Themenlexikon; Kommanditgesellschaft, Haufe Index 614458

4.1.2 Einkommensteuer

4.1.2.1 Die Gesamtgewinnermittlung der Schifffahrtsgesellschaft bzw. der Untergesellschaft

Die meisten Schiffsgesellschaften, die ein neues Schiff in Fahrt setzen, schließen für die ersten Jahre einen festen Zeitchartervertrag mit dem Charterer ab. Diese Chartereinnahmen, wie in Pkt. 2.1.4. Bareboat- und Zeitcharter erwähnt, zählen zu den Einkünften aus Gewerbebetrieb. Eine Bareboat-Vercharterung wird von den meisten Gesellschaften von vornherein abgelehnt, da diese Einnahmen zur Vermietung und Verpachtung zählen und nicht unter die Tonnagebesteuerung fallen.

Der Gewinn der Gesellschaft ist, ob nun eine einfache Schiffsbeteiligung oder ein Dachfonds auftritt, entweder der pauschal ermittelte nach § 5a EStG oder der herkömmliche Gewinn nach § 5 EStG.

Nach dem EStG wird die GmbH & Co. KG wie eine Personengesellschaft behandelt, auch wenn eine Kapitalgesellschaft an ihr beteiligt ist. Die Gesellschafter, die die natürlichen Personen und zugleich die Kommanditisten sind, unterliegen der ESt und die Komplementär-GmbH wird mit ihrem Gewinnanteil und den außerhalb der Personengesellschaft anfallenden Einnahmen der Körperschaftsteuer unterworfen. Wer jetzt Besteuerungssubjekt ist, wurde im Pkt. 4.1.1. erläutert.[114]

Zu aller erst wird auf Ebene der Schifffahrtsgesellschaft ein einheitliches Steuerbilanzergebnis festgestellt. In diesem Ergebnis sind die Gewinne enthalten, die entweder nach den §§ 4 und 5 EStG oder nach § 5a Abs. 1 EStG ermittelt wurden und die von jedem einzelnen Mitunternehmer aufzustellenden Sonderbilanzen.[115] In den Sonderbilanzen werden die Sondereinnahmen und Sonderausgaben der Gesellschafter erfasst, besonders auch die Gewinnausschüttungen der GmbH an einen Gesellschafter, der zeitgleich Kommanditist der Personengesellschaft ist.[116] Auf diesen Fall ist aber nicht näher einzugehen, weil es ungewöhnlich für eine Schiffsbeteiligung ist.

Im Bereich der doppelstöckigen GmbH & Co. KG wird der gesamte Gewinn der Untergesellschaft ebenfalls aus der Steuerbilanz entwickelt[117] und um die Leistungsvergütungen an die Gesellschafter der Obergesellschaft nach § 15 Abs. 1 Satz 1 Nr. 2 EStG

---

[114] Vgl. Brönner/Rux/Wagner, Die GmbH & Co. KG, 1998, S.248 RZ 481
[115] Vgl. Preißer/Scheiber, Doppel-und mehrstöckige Personengesellschften, 2007, S.6
[116] Vgl. Brönner/Rux/Wagner, Die GmbH & Co. KG, 1998, S.248 RZ 481
[117] Vgl. Preißer/Scheiber, Doppel-und mehrstöckige Personengesellschften, 2007, S.6

(Durchgriffstheorie), folglich den Ergebnissen aus den Sonder- und Ergänzungsbilanzen der Gesellschafter der Untergesellschaft, vervollständigt.

Hierzu eine kurze Übersicht zur Ermittlung des Gesamtgewinns:

Gewinn/Verlust lt. Handelsbilanz/Steuerbilanz der Untergesellschaft

+/./. Gewinn/Verlust lt. Ergänzungsbilanz der Obergesellschaft

+/./. Gewinn/Verlust lt. Ergänzungsbilanz der übrigen Untergesellschafter

+/./. Gewinn/Verlust lt. Sonderbilanz der Obergesellschaft

+/./. Gewinn/Verlust lt. Sonderbilanzen der übrigen Untergesellschafter

+   Sondervergütungen an (Nur-) Obergesellschafter

+/./. Gewinn/Verlust lt. Sonderbilanzen der Obergesellschafter

= Steuerlicher Gesamtgewinn der Untergesellschaft[118]

Dieser steuerliche Gesamtgewinn ist unter den zivilrechtlichen Gesellschaftern der Untergesellschaft (Schifffahrtsgesellschaft) nach dem Verhältnis der Kapitaleinlage aufzuteilen.[119] Dieses Ergebnis wird demzufolge nicht an die Obergesellschafter, auch wenn sie Sonderbetriebsvermögen bei der Untergesellschaft haben, verteilt. Anlass dieser Verfahrensweise ist, dass der Obergesellschafter zwar Mitunternehmer der Untergesellschaft ist, aber nicht zivilrechtlicher Gesellschafter dieser Gesellschaft. Erst auf der Ebene der Obergesellschaft erhalten die Gesellschafter ihren Anteil am Gewinn/Verlust. Zu dieser Gewinnermittlung näheres im Pkt. 5.1.2.1.

Bezieht ein Obergesellschafter Sondervergütungen von der Untergesellschaft, z.B. durch eine Nutzungsüberlassung eines Wirtschaftsgutes, so sind diese Gewinne bzw. Verluste aus den Sonderbilanzen nach § 15 Abs. 1 Satz 1 Nr. 2 Satz 2 EStG auch dem Obergesellschafter zuzurechnen. Diese sich daraus ergebenen Erträge gehen nicht in die steuerrechtliche Gewinnermittlung der Obergesellschaft ein.[120] Ausnahme ist, wenn der Gesellschafter gleichzeitig Obergesellschafter und Untergesellschafter ist und die Beteiligung in der Sonderbilanz der Obergesellschaft aktiviert hat. Dann ist der Gewinnanteil aus der Untergesellschaft mit in die Gewinnermittlung der Obergesellschaft einzurechnen und ihm vorab zuzurechnen. In aller Regel ist es aber ungewöhnlich, dass ein Anleger, der mittelbar an einer Schiffsgesellschaft beteiligt ist, überhaupt solche Vergütungen bezieht.

[118] Vgl. Zimmermann/Hottmann/Hübner/u.a., Die Personengesellschaft im Steuerrecht, 1998, S. 716
[119] Vgl. Zimmermann/Hottmann/Hübner/u.a., Die Personengesellschaft im Steuerrecht, 1998, S. 717
[120] Vgl. Werner, Einkommensteuerrechtliche Zurechnung bei mittelbaren Beteiligungen an PerG, 2003, Band 12, S.133 f.

Fallen die Wirtschaftsjahre der Untergesellschaft und der Obergesellschaft auseinander, so wird die Besteuerung der beiden zeitversetzt vollzogen. So können z.B. die Anteile der Obergesellschaft am Steuerbilanzgewinn der Untergesellschaft, die am Ende eines Kalenderjahres und zugleich Wirtschaftsjahr aus der Untergesellschaft geflossen sind, erst im Folgejahr bei den Obergesellschaftern besteuert werden, wenn das Wirtschaftsjahr der Obergesellschaft nicht dem Kalenderjahr entspricht.[121]

Wendet die Schiffsgesellschaft die Tonnagebesteuerung an, so ist sie verpflichtet parallel dazu eine aus der Handelsbilanz abgeleitete Steuerbilanz, sprich Schattenbilanz, zu erstellen. Damit soll geprüft werden, ob die Gewinnerzielungsabsicht noch besteht und sie dient zum Zwecke der Ermittlung der erbschaftsteuerlichen Werte. In der Schattenbilanz sind selbstverständlich die Abschreibungsbeträge und sonstige betriebsnahe Aufwendungen zu berücksichtigen.[122]

Einer der höchsten Betriebskosten, die den Gewinn reduzieren, sind die Abschreibungen auf das Schiff. Nach amtlicher Abschreibungstabelle beträgt die derzeitige Nutzungsdauer von Seeschiffen 12 Jahre, für die gebrauchten Seeschiffe weniger. Dennoch beanspruchen die Beteiligungsgesellschaften mehr Jahre als die vorgegebene anzusetzende Nutzungsdauer, denn die Laufzeit eines Fonds muss mit der Nutzungsdauer, die im Betriebskonzept niedergeschrieben ist, übereinstimmen. Grund für diese Anwendung ist, dass von vornherein der Betrachtungszeitraum für die Nutzung des Wirtschaftsgutes länger als die Nutzungsdauer nach der amtlichen AfA-Tabelle sein muss.[123] Die Abschreibungsmethode, die die meisten Schifffahrtsbetriebe verwirklichen, ist die degressive Abschreibung. Da aber ein hoher Schrottwert eines Schiffes anfällt, sind die Abschreibungsbeträge begrenzt.[124] Für einen wirtschaftlichen Aufschwung hat der Gesetzgeber für die Jahre 2006 und 2007 eine degressive Abschreibung, vom Zweifachen auf höchstens das Dreifache des linearen Satzes, der 30 % nicht übersteigen darf, erhöht.[125]

Die Bemessungsgrundlage der degressiven Afa sind für das erste Jahr die Anschaffungskosten, für die darauf folgenden Jahre sind es die Restbuchwerte abzüglich des Schrottwertes.[126] Die Schrottwerte sind an den aktuellen Stahlpreis pro Tonne im Jahre der Prospektaufstellung angelehnt.

---

[121] Vgl. Zimmermann/Hottmann/Hübner/u.a., Die Personengesellschaft im Steuerrecht, 1998, S. 717
[122] Vgl. Verkaufsprospekt HC Beteiligungs-GmbH&Co.KG, Hanse Capital Emissionshaus GmbH, Stand Mai 2005, S. 8
[123] Vgl. Anhang I, Nr. 29
[124] Vgl. Verkaufsprospekt Twinfonds IV, 15. Oltmann Gruppe, Tonnagesteuer Renditefonde, S. 41
[125] Vgl. Anhang I, Nr. 30
[126] Vgl. Anhang I, Nr. 31

Ab dem Jahr, in dem die degressiven Abschreibungswerte kleiner sind als die linearen Werte, wird die Methode auf die lineare Afa umgestellt.[127] Der Beginn der Afa ist nach § 7 Abs. 1 S. 4 EStG ab dem Kalendermonat der Infahrtsetzung des Schiffes.[128]

4.1.2.2 Wechsel zur herkömmlichen Gewinnermittlung in die Tonnagegewinnermittlung

4.1.2.2.1 Allgemeines

Der Bundestag verabschiedete im Jahr 1998 das Gesetz zur Anpassung der technischen und steuerlichen Bedingungen in der Seeschifffahrt an den internationalen Standard. Mittlerweile gehört die pauschale Besteuerung zum europäischen Maßstab und bisweilen haben einige europäische Länder, die zu den Küstenstaaten gehören, diese eingeführt. Vorbild für Deutschland waren die Niederlande, die die Tonnagegewinnermittlung bereits im Jahre 1996 einführten.

Die Tonnagesteuer ist keine neue Steuerart, sondern eine pauschale Gewinnermittlung für das Unternehmen von Handelsschiffen im internationalen Verkehr, welche sich durch die bestehende Tonnage eines Schiffes errechnet.[129]

Schifffahrtsgesellschaften haben für die Wahl zur Tonnagegewinnermittlung folgende Bedingungen kumulativ zu erbringen:

a) Betrieb von Handelsschiffen im internationalen Verkehr, gem. § 5a Abs. 2 S. 1 EStG

- Der Handelsschiffsbetrieb soll im internationalen Verkehr betrieben werden,
- eigene oder gecharterte Schiffe sollten mehr als die Hälfte des Wirtschaftsjahres unter der deutschen Flagge fahren und
- sie sollten überwiegend Güter oder Personen mit oder zwischen ausländischen Häfen und auf hoher See befördern.[130]

b) Bereederung und Geschäftsleitung im Inland, gem. § 5a Abs. 1 Satz 1 EStG

Folgende Tätigkeiten, die zu dieser Voraussetzung gehören, sind zu berücksichtigen:

- Abschluss von Verträgen, die den Einsatz des Schiffes betreffen,
- Ausrüstung des Schiffes,

---

[127] Vgl. Verkaufsprospekt Twinfonds IV, 15. Oltmann Gruppe, Tonnagesteuer Renditefonde, S. 41
[128] Vgl. Verkaufsprospekt MS Santa Laetitia und MS Santa Liana, Münchmeyer Petersen Capital, S. 123
[129] Vgl. Littmann, Das Einkommensteuerrecht : Kommentar zum Einkommensteuergesetz, 2005, Weiland §5a, S. 870/24 RZ 1
[130] Vgl. HCI informiert, Die Tonnagesteuer 2005, S. 6

- Einstellung von Kapitänen und dazugehöriger Mannschaft,

- Befrachtung des Schiffes,

- Abschluss von Bunker- und Schmierölverträgen,

- Instandsetzung und Wartung des Schiffes,

- Abschluss von Versicherungsverträgen über Schiff und Ausrüstung,

- Führung der Bücher und Rechnungslegung,

- Herbeiführung und Verwirklichung der Beschlüsse der Mitreeder.[131]

c) Unwiderruflicher Antrag der Schifffahrtsgesellschaft

Um zur Tonnagesteuer zu optieren, muss vorerst der Steuerpflichtige einen Antrag auf Option einer Tonnagesteuer stellen. Durch das Haushaltsbegleitgesetz (HBeglG) 2004 wurde jedoch die alte Fassung, die am 01.01.1999 ihre Gültigkeit fand, abgeschafft. Die alte Fassung galt bis 31.12.2005.

Der Antrag konnte unwiderruflich innerhalb einer Frist von 2 Jahren nach Ablauf des Erstjahres, in dem erstmalig Einkünfte erzielt wurden, gestellt werden. Wichtig ist, dass während der Antragfrist sämtliche Bedingungen zur Tonnagesteuer § 5a Abs. 1 EStG vom Beginn des Wirtschaftsjahres vorliegen mussten, in dem der Antrag gestellt wurde.[132] Die Voraussetzungen sind im Wirtschaftsjahr erfüllt, wenn die Tage der inländischen Regis-trierung im Schiffsregister den restlichen Tagen überwiegen und wenn mehr als die Hälfte der Seereisetage im Wirtschaftsjahr zur Beförderung von Gütern oder Personen im internationalem Verkehr stattfand.[133] Alle Anträge, die noch nach altem Recht gelten, können noch bis zum 31.12.2007 gestellt werden.[134]

Für Betriebe, die bereits vor dem 01.01.1999 Einkünfte aus Handelsschifffahrt im internationalen Verkehr erzielten, bestand i. S. d. § 5a Abs. 3 EStG kein Erstjahr. Dennoch konnten diese Unternehmen erstmals für nach dem am 31.12.1998 endenden Wirtschaftsjahr, den Antrag für die zwei folgenden Jahre auf die pauschale Gewinnermittlung stellen (s. § 52 Abs. 15 EStG). Berechtigt dazu waren lediglich die Gewerbebetriebe, die die Voraus-setzungen aus § 5a EStG vor dem 01.01.1999 erfüllen konnten.[135]

---

[131] Vgl. BMF-Schreiben vom 12.06.2002, IV A 6 – S 2133a – 11/02, RZ 1
[132] Vgl. Kirchhof- EStG Kompaktkommentar, 2003, Gosch, S. 339 RZ 40
[133] Vgl. Littmann, Das Einkommensteuerrecht : Kommentar zum Einkommensteuergesetz, 2005, Weiland §5a, S. 870/36 RZ 122
[134] Vgl. HCI informiert, Die Tonnagesteuer 2005, S. 7
[135] Vgl. Littmann, Das Einkommensteuerrecht : Kommentar zum Einkommensteuergesetz, 2005, Weiland §5a, S. 870/36 RZ 127

Die neue Rechtslage gilt für Schiffsbestellungen nach dem 31.12.2005.[136] Der unwiderrufliche Antrag muss in dem Wirtschaftsjahr der Indienststellung erfolgen. Nach § 5a Abs. 3 EStG bedeutet die Indienststellung, die Anschaffung oder Herstellung des Handelsschiffes. Auch hier müssen die Steuerpflichtigen allen Bedingungen zur Anwendung der Tonnagegewinnermittlung in dem Wirtschaftsjahr nachgekommen sein. Die Behandlung der Tonnagesteuer wirkt demzufolge ab Beginn des eben erwähnten Wirtschaftsjahres. Durch diese neue Regelung entfällt die Ermittlung des Unterschiedsbetrages (s. nächster Pkt.) und somit können Unstimmigkeiten in der Praxis umgangen werden. Einkünfte vor der Indienststellung fallen rückwirkend unter die Option nach § 5a EStG, d.h. wenn alle Voraussetzungen im Jahr der Indienststellung geprüft und stattgegeben worden sind. [137]

Sind sowohl in der neuen Fassung als auch in der alten Fassung die Fristen zur Antragstellung verstrichen, so kann der Antrag auf Tonnagebesteuerung frühestens nach 10 Jahren vom Beginn des Erstjahres (a. F.) oder des Jahres der Indienststellung (n. F.) gestellt werden. Bis dahin bleibt die herkömmliche Gewinnermittlung bestehen. [138] Ist der Antrag anfangs gestellt und in Anspruch genommen worden, aber die Voraussetzungen in den folgenden Wirtschafts-jahren nicht mehr gegeben, so entfällt der Gebrauch der Tonnagebesteuerung ab Beginn des Wirtschaftsjahres, in dem die Bedingungen sich verändert haben. Danach ist der Steuer-pflichtige bis zum Ende einer 10-Jahres-Frist an die normale Gewinnermittlung gebunden. Um einen ständigen Wechsel zwischen den Gewinnermittlungsarten zu verhindern, besteht keine Möglichkeit mehr, die pauschale Gewinnermittlung anzuwenden, wenn die Forde-rungen des § 5a EStG wieder erfüllt sind.[139]

Die Gesellschaft ist vom Beginn des Wirtschaftsjahres der Antragstellung an die Tonnage-gewinnermittlung 10 Jahre gebunden. Erst nach Ablauf dieser Zeit kann der Antrag jährlich zurückgenommen werden.[140] Die Vornahme der Aufhebung ist schriftlich zu stellen[141] und sollte reichlich überlegt sein, denn die Rückkehr zur Regelbesteuerung ist unwiderruflich mit einer neuen Bindungsfrist von 10 Jahren verbunden und gilt mit dem Beginn des jeweiligen Wirtschaftsjahres. Der Zweck dieser Regelung ist die Beschränkung auf mögliche Steuer-

[136] Vgl. HCI informiert, Die Tonnagesteuer 2005, S. 7
[137] Vgl. Littmann, Das Einkommensteuerrecht : Kommentar zum Einkommensteuergesetz, 2005, Weiland §5a, S. 870/38 RZ 135-136
[138] Vgl. Lippross/Schmitz, Basiskommentar zu EStG § 5a, 2006, S. 8 RZ 25-26
[139] Vgl. Littmann, Das Einkommensteuerrecht : Kommentar zum Einkommensteuergesetz, 2005, Weiland §5a, S. 870/38 RZ 134
[140] Vgl. HCI informiert, Die Tonnagesteuer 2005, S. 7
[141] Vgl. BMF-Schreiben vom 12.06.2002, IV A 6 – S 2133a – 11/02, RZ 20

gestaltungen, z.B. wenn der Zeitpunkt für einen Wechsel der Gewinnermittlungsarten ideal wäre und sich begünstigend auswirken würde.

4.1.2.2.2 Ermittlung des Unterschiedsbetrages

Betriebe, die nach der alten Fassung vor dem 01.01.2006 ein Bau- oder Kaufvertrag als Hilfsgeschäft abgeschlossen hatten, konnten im Rahmen eines Kombinationsmodells in den ersten beiden Jahren eine herkömmliche Gewinnermittlung durchführen und im folgendem Jahr auf die Tonnagebesteuerung wechseln. Die Lieferung des Schiffes war nicht relevant. Mit der neuen Fassung ist es damit vorbei, da jetzt die Option zur Tonnagebesteuerung und die Anschaffung des Schiffes im selben Jahr stattfinden müssen. Es können keine Verluste in der Investitionsphase mehr genutzt werden.[142]

Durch die Altregelung konnten Besteuerungslücken beim Wechsel der Gewinnermittlungsarten geschlossen und die angehäuften stillen Reserven gewahrt werden.

Das Wirtschaftsjahr vor der ersten Benutzung der Tonnagegewinnermittlung wird als Übergangsjahr dargestellt. Zum Ende dieses Jahres sind die vorhandenen stillen Reserven des Schiffes, welche die Differenz zwischen dem Buchwert der Bilanz und dem Teilwert bilden, in eine hierfür bestimmte Rücklage zu erfassen gem. § 5a Abs. 4 S. 1 EStG.[143] Der Teilwert ist der Wert, den ein Erwerber des ganzen Betriebes im Rahmen des Gesamtkaufpreises für das einzelne Wirtschaftsgut zahlen würde gem. § 6 Abs. 1 Nr. 1 S. 3 EStG.

Zur Festsetzung des Unterschiedsbetrages wird nicht nur das Handelsschiff berücksichtigt, sondern alle Wirtschaftsgüter des Betriebsvermögens, wie z.B. Betriebs- und Geschäftsausstattung, GWG´s, stille Beteiligungen, als auch selbst erstellte immaterielle Wirtschaftsgüter. Wobei die selbst errichteten Wirtschaftsgüter mit einem Buchwert von 0€[144] und die GWG´s im ganzen Betrag, um den Aufwand minimal zu halten, eingestellt werden.[145] Ebenso führen Nutzungsänderungen von Wirtschaftsgütern, z.B. bei Bürogebäuden, zur Zurechnung von Unterschiedsbeträgen.[146]

Die Wirtschaftsgüter auf der Passivseite, wie die durch den Schiffsbetrieb veranlassten Verbindlichkeiten, z.B. aus Folge von Wechselkursänderungen, die in der Position Fremd-

---

[142] Vgl. Anhang I, Nr. 32

[143] Vgl. Lippross/Schmitz, Basiskommentar zu EStG § 5a, 2006, S. 8 RZ 38- 40

[144] Vgl. Littmann, Das Einkommensteuerrecht : Kommentar zum Einkommensteuergesetz, 2005, Weiland §5a, S. 870/39 RZ 140-141

[145] Vgl. BMF-Schreiben vom 12.06.2002, IV A 6 – S 2133a – 11/02, RZ 22

[146] Vgl. Littmann, Das Einkommensteuerrecht : Kommentar zum Einkommensteuergesetz, 2005, Weiland §5a, S. 870/41 RZ 147

währungsverbindlichkeiten enthalten sind, sind mit zu berücksichtigen.[147] Hier wird die Differenz des Buchkurses und des Stichtagskurses erfasst.[148]

Fallen innerhalb der pauschalen Gewinnermittlung stille Reserven an, so werden die Wirtschaftsgüter, die unmittelbar dem Betrieb dienen, beim Übergang zur normalen Gewinnermittlung in der Schlussbilanz des letzten Jahres, in der die pauschale Gewinnermittlung angewendet wird, zum Teilwert angesetzt.[149]

Gehören die Güter nur z. T. dem Betrieb von Handelsschiffen im internationalen Verkehr an, so ist der darauf entfallende Unterschiedsbetrag anzupassen.[150] Stammen die Wirtschaftsgüter nicht aus dem Gegenstand eines Betriebes von Handelsschiffen (Mischbetrieb) im internationalen Verkehr, so müssen diese getrennt zum herkömmlichen Gewinn ermittelt werden.[151] Diese finden keine Berücksichtigung bei der Errechnung des Unterschiedsbetrages.

4.1.2.2.3 Gesonderte und einheitliche Feststellung des Unterschiedsbetrages

Für jedes Wirtschaftsgut, das stille Reserven enthalten könnte, sind diese gem. §5 Abs. 4 S. 2 EStG einmal gesondert und einheitlich außerhalb der Bilanz in einem besonderen Verzeichnis festzustellen[152], dazu ist folgendes vorzunehmen:

- Benennung des Wirtschaftsgutes,
- die Ausweisung der Differenzbeträge bzw. bei Mischbetrieben muss möglicherweise, wenn die Güter zu mehreren Betrieben zuzuordnen sind, der dazu anfallende Anteil des Unterschiedsbetrages geschätzt werden,
- Auflistung der Anteile der Gesellschafter an den Beträgen.[153]

Bei Ausscheiden oder Zuführung von Wirtschaftsgütern, Vermindern oder Heraufsetzen von Nutzungsanteilen, Tilgung von Fremdwährungsverbindlichkeiten, Änderung bei den Mitunternehmern und Bewegung im personellen Bestand ist das Verzeichnis fortzuschreiben.[154] Diese Regelung ist ebenso anzuwenden, wenn gem. § 5a Abs. 4 S. 4 EStG der Steuerpflichtige Wirtschaftsgüter des Betriebsvermögens dem Betrieb von Handelsschiffen

---

[147] Vgl. Kirchhof- EStG Kompaktkommentar, 2003, Gosch, S. 340 RZ 44
[148] Vgl. HCI informiert, Die Tonnagesteuer 2005, S. 9
[149] Vgl. Kirchhof- EStG Kompaktkommentar, 2003, Gosch, S. 340 RZ 44
[150] Vgl. BMF-Schreiben vom 12.06.2002, IV A 6 – S 2133a – 11/02, RZ 22
[151] Vgl. Littmann, Das Einkommensteuerrecht : Kommentar zum Einkommensteuergesetz, 2005, Weiland §5a, S. 870/31 RZ 53
[152] Vgl. Weber-Grellet, Bilanzsteuerrecht, 2002, § 5a EStG, S. 460 f. RZ 16
[153] Vgl. Littmann, Das Einkommensteuerrecht : Kommentar zum Einkommensteuergesetz, 2005, Weiland §5a, S. 870/40 RZ 142
[154] Vgl. Kirchhof- EStG Kompaktkommentar, 2003, Gosch, S. 340 RZ 44

im internationalen Verkehr zuführt. Das besondere Verzeichnis ist gem. § 60 Abs. 3 S. 2 EStDV der Steuererklärung beizufügen.

4.1.2.2.4 Besteuerung des Unterschiedsbetrages

Unter folgenden Bedingungen muss der Unterschiedsbetrag aufgelöst und dem Gewinn nach §5a Abs. 1 S. 1 EStG hinzugerechnet werden, wenn:

- die Wirtschaftsgüter aus der Tonnagegewinnermittlung ausscheiden,
- die Wirtschaftsgüter bei Mischbetrieben in den nicht unter § 5a EStG fallenden Teil überführt werden, so werden sie gem. § 5a Abs. 6 EStG mit dem Teilwert angesetzt,
- das Schiff einer Ein-Schiff-Gesellschaft veräußert wird oder aus irgendwelchen anderen Gründen ausscheidet, so gilt dieses zur gleichen Zeit als Betriebsaufgabe,
- die Voraussetzungen zur Tonnagebesteuerung nicht mehr gegeben sind,
- die Anteile an einer Gesellschaft verkauft werden. [155]

Diese aufgelösten Beträge zählen nunmehr zu den Einkünften aus Gewerbebetrieb nach § 15 EStG. Der Zeitpunkt der Besteuerung des Unterschiedsbetrages untersteht keiner Wahlmöglichkeit.[156]

Es besteht jedoch eine Möglichkeit den Unterschiedsbetrag gem. § 5a Abs. 4 S. 3 Nr. 1 EStG zu mindestens einem Fünftel in den folgenden Wirtschaftsjahren auf den Gewinn hinzuzurechnen.[157] Diese Variante setzt voraus, dass der Steuerpflichtige von der Gewinn-ermittlungsart nach § 5a auf §§ 4 Abs. 1 und 5 Abs. 1 EStG zurück wechselt. Je nach dem, ob die Voraussetzungen der Tonnagegewinnermittlung nicht mehr gegeben sind, oder wenn der Steuerpflichtige nach der 10-Jahres-Frist zur normalen Gewinnermittlung umschwenken will, muss der Betrieb die nächsten 5 Jahre weitergeführt werden, ansonsten ist der Unterschiedsbetrag sofort zu versteuern.

Eine ratierliche Hinzurechnung auf 5 Jahre ist, im Fall des Ausscheidens einzelner Wirtschaftsgüter aus dem Betriebsvermögen oder bei keiner Zugehörigkeit zum unmittelbaren Betrieb von Handelsschiffen im internationalen Verkehr, nicht durchführbar. Sie sind im entsprechenden Jahr in vollständiger Höhe dem Gewinn hinzuzuzählen.[158]

Scheidet ein Gesellschafter durch Veräußerung seiner Anteile aus, so ist nach § 5a Abs. 4 Satz 3 Nr. 3 EStG auch im betreffenden Jahr der Unterschiedsbetrag zum Gewinn

---

[155] Vgl. BMF-Schreiben vom 12.06.2002, IV A 6 – S 2133a – 11/02, RZ 25-28
[156] Vgl. Littmann, Das Einkommensteuerrecht : Kommentar zum Einkommensteuergesetz, 2005, Weiland §5a, S. 870/41 RZ 145
[157] Vgl. Kirchhof- EStG Kompaktkommentar, 2003, Gosch, S. 340 RZ 44
[158] Vgl. Littmann, Das Einkommensteuerrecht : Kommentar zum Einkommensteuergesetz, 2005, Weiland §5a, S. 870/41 RZ 146, 147

hinzuzurechnen. Durch die Gewinnverteilung wird der nun erzielte Erlös dem ausscheidenden Gesellschafter zugerechnet.[159] Bei den übrigen Gesellschaftern ändert sich der festgestellte Unterschiedsbetrag nicht.[160]

Bei einer Veräußerung der Wirtschaftsgüter oder Anteile der Gesellschafter ist der später erzielte Gewinn unerheblich. Im ungünstigeren Fall kann es später vorkommen, dass nur ein minimaler Erlös eingenommen wird als zum Zeitpunkt des Wechsels in die Tonnagesteuer. Dann versteuern die Steuerpflichtigen einen fiktiven Gewinn[161] und darüber hinaus sind die Begünstigungen, wie der Freibetrag gem. § 16 Abs. 4 und die Steuerermäßigungen gem. § 34 EStG nicht anwendbar.[162]

Die vorhandenen Reinvestitionsrücklagen nach § 6b EStG, ggf. die Euroumrechnungs-rücklagen gem. § 6d EStG oder die Ansparabschreibungen entsprechend dem § 7g Abs. 3 Satz 1 EStG müssen in dem Jahr des Wandels von der herkömmlichen Gewinnermittlung zur Tonnagegewinnermittlung aufgelöst und dem Gewinn angerechnet werden, s. § 5a Abs. 5 Satz 3 EStG.

Bei einer Tilgung der Fremdwährungsverbindlichkeiten wird im entsprechenden Jahr der Unterschiedsbetrag aufgelöst und nach § 5a Abs. 1 EStG dem Gewinn zugeschrieben.[163] Erfolgt die Begleichung in Raten, ist der Betrag jeweils in den dazugehörigen Jahren aufzulösen.[164]

Um später wieder in die herkömmliche Gewinnermittlungsart wechseln zu können, ist die Steuerbilanz gem. §§ 4 Abs. 1 und 5 EStG gleichlaufend zur Ermittlung des pauschalen Gewinns fortzuführen und den Steuererklärungen gem. § 60 EStDV beizufügen.[165] Dennoch geht die Gewinnermittlung während der Tonnagebesteuerung nicht von der Steuerbilanz aus. Sie wird nur zum Zwecke einer Gewinnabzielungsabsichtprüfung gebraucht. Bei letztmaliger Anwendung der Tonnagebesteuerung werden alle Wirtschaftsgüter, die unmittelbar dem Betrieb von Handelsschiffen im internationalen Verkehr dienten, mit dem Teilwert ohne stille Reserven angesetzt, gem. § 5a Abs. 6 EStG.[166]

---

[159] Vgl. Lippross/Schmitz, Basiskommentar zu EStG § 5a, 2006, S. 8 RZ 45
[160] Vgl. BMF-Schreiben vom 12.06.2002, IV A 6 – S 2133a – 11/02, RZ 28
[161] Vgl. Anhang I, Nr. 32
[162] Vgl. HCI informiert, Die Tonnagesteuer 2005, S. 9
[163] Vgl. Lippross/Schmitz, Basiskommentar zu EStG § 5a, 2006, S. 8 RZ 41, 43
[164] Vgl. BMF-Schreiben vom 12.06.2002, IV A 6 – S 2133a – 11/02, RZ 26
[165] Vgl. Kirchhof- EStG Kompaktkommentar, 2003, Gosch, S. 341 RZ 48
[166] Vgl. Lippross/Schmitz, Basiskommentar zu EStG § 5a, 2006, S. 8 RZ 38, 46

4.1.2.3 Verrechenbare Verluste aus der Zeit vor der Tonnagebesteuerung

Nach § 5a Abs. 5 Satz 4 EStG ist für die Anwendung des § 15a EStG eine Schattenrechnung vorzunehmen, sprich nach Maßgabe des § 4 Abs. 1 oder § 5 EStG. Die entstandenen und festgestellten verrechenbaren Verluste nach § 15a Abs. 2 EStG sind mit dem ermittelten, aber nicht dem der Besteuerung zugrunde liegenden Gewinn, zu saldieren. Wie die verrechenbaren Verluste entstehen, kann dem Pkt. 6.2.4. - Veräußerung eines Gesellschaftsanteils oder Auflösung der Gesellschaft bei negativem Kapitalkonto eines Kommanditisten - entnommen werden.

Hierzu, angelehnt an das ESt-Kommentar Lippross, ein Beispiel:

Im letzten Jahr des Einsatzes der herkömmlichen Gewinnermittlung werden in der Schifffahrtsgesellschaft verrechenbare Verluste in Höhe von 4,5 Mio. € festgestellt. Im darauffolgenden Jahr, in dem erstmals die Tonnagebesteuerung angewendet wird, erwirtschaftet die Gesellschaft in der Steuerbilanz ein Gewinn in Höhe von 2 Mio. €. Nach § 5a Abs. 1 EStG wird ein Tonnagegewinn in Höhe von 200.000 € ermittelt.

Die Lösung sieht wie folgt aus:

Der verrechenbare Verlust im letzten Jahr der herkömmlichen Gewinnermittlung in Höhe von 4,5 Mio. € kann nach § 15a Abs. 2 EStG i.V.m. § 5a Abs. 5 S. 4 EStG mit dem Gewinn aus dem folgenden Jahr in Höhe von 2 Mio. € verrechnet werden. Daraufhin wird am Ende des ersten Jahres der Tonnagegewinnermittlung ein verrechenbarer Verlust in Höhe von 2,5 Mio. € festgestellt. Der ermittelte pauschale Gewinn von 200.000 € bleibt unberührt. [167]

4.1.3 Gewerbesteuer

Wie in Pkt. 4.1.1. schon erwähnt, ist nach § 5 Abs. 1 S. 3 GewStG der Steuerschuldner die GmbH & Co. KG selbst. Die Gesellschafter können vorerst nur als Gesamtschuldner für die Gewerbesteuerschuld aufkommen. [168]

Der steuerlich ermittelte Gesamtgewinn ist die Basis für die Ermittlung des Gewerbeertrages der Untergesellschaft. [169] Der ermittelte pauschale Gewinn nach § 5a Abs. 1 EStG bildet ebenso die Grundlage für den Gewerbeertrag. Dazu gehören der hinzuzurechnende Unterschiedsbetrag gem. § 5a Abs. 4 EStG sowie alle Sonderbetriebseinnahmen nach § 5a

---

[167] Vgl. Lippross/Schmitz, Basiskommentar zu EStG § 5a, 2006, S. 8 RZ 208 f.
[168] Vgl. Brandmüller/Sauer, Bonner Handbuch Personengesellschaft, Bd. 3 Fach F, RZ 1707
[169] Vgl. Zimmermann/Hottmann/Hübner/u.a., Die Personengesellschaft im Steuerrecht, 1998, S. 717

Abs. 4a i.V.m. § 15 Abs. 1 Nr. 2 EStG abzüglich der dazu gehörigen Ausgaben der einzelnen Gesellschafter.[170]

Der § 9 Nr. 3 GewStG, wonach 80 % der Gewinne steuerfrei sind, gilt nicht bei Anwendung der Tonnagegewinnermittlung und bei den Sonderbetriebseinnahmen.[171] Diese Entscheidung traf der Bundesfinanzhof. Hiernach ist der ermittelte Gewinn nach § 5a EStG dem Gewerbeertrag i.S.d. § 7 Satz 1 GewStG gleichzustellen, aber der Gewerbeertrag bedarf nicht der Ermittlung nach den Vorschriften des EStG, wie bei der unmittelbaren Anwendung des § 7 Satz 1 GewStG.[172] Der § 5a ist eine andere Art der Gewinnermittlungsvorschrift. Denn dieser erfasst pauschale Einkünfte aus dem Betrieb von Handelsschiffen im internationalen Verkehr, ohne dass eventuelle ausländische Steuern berücksichtigt werden. Daraus folgt, dass diese Einkünfte als rein inländische Einkünfte angesehen werden und der § 9 Nr. 3 Satz 1 GewStG, der im systematischen Zusammenhang mit dem § 7 Satz 1 GewStG steht, erfasst nur ausländische Einkünfte.[173] Dazu kommt, dass der Betrag, der nach § 9 Nr. 3 GewStG gekürzt werden darf, der Gewerbeertrag nach § 7 Satz 1 GewStG ist, also der nach den Vorschriften des EStG ermittelte Gewinn.[174] Hieraus resultiert eindeutig, dass die Kürzung nach § 9 Nr. 3 GewStG auf den pauschal ermittelten Gewinn ausgeschlossen ist. Jedoch gilt die Kürzung für den aufgelösten Unterschiedsbetrag, da die stillen Reserven aus der Zeit stammen, in der die Tonnagegewinnermittlung nicht angewendet wurde.[175]

Nach § 11 Abs. 1 Nr. 1 GewStG steht der Gesellschaft ein Freibetrag in Höhe von 24.500 € zu.

Die Gewerbesteuererhebung wird durch zwei Festsetzungsverfahren durchgeführt. Das Betriebsfinanzamt setzt für den Erhebungszeitraum den Gewerbesteuer-Messbetrag, der auf der Grundlage des Gewerbeertrages (§ 7 GewStG) ermittelt wird, gem. § 14 GewStG fest.

Als nächstes belegt die zuständige Gemeinde den Steuermessbetrag mit dem Hebesatz und setzt die Steuer gem. § 16 GewStG fest. Den Hebesatz bestimmt die Gemeinde, der mindestens 200 % betragen sollte.[176]

---

[170] Vgl. Littmann, Das Einkommensteuerrecht : Kommentar zum Einkommensteuergesetz, 2005, Weiland §5a, S. 870/54 RZ 280
[171] Vgl. Verkaufsprospekt MS Santa Laetitia und MS Santa Liana, Münchmeyer Petersen Capital, S. 126, 127
[172] Vgl. Bundesfinanzhof Urteil vom 06.07.2005, VIII-R-72/02
[173] Vgl. Littmann, Das Einkommensteuerrecht : Kommentar zum Einkommensteuergesetz, 2005, Weiland §5a, S. 870/54 RZ 284
[174] Vgl. Bundesfinanzhof Urteil vom 06.07.2005, VIII-R-72/02
[175] Vgl. Littmann, Das Einkommensteuerrecht : Kommentar zum Einkommensteuergesetz, 2005, Weiland §5a, S. 870/54 RZ 284
[176] Vgl. Brandmüller/Sauer, Bonner Handbuch Personengesellschaft, Bd. 3 Fach F, RZ 1730.2-3

Hinweis: Im Zuge des Unternehmenssteuerreformgesetzes 2008, dass am 14.03.2007 verabschiedet wurde, soll die GewSt nicht mehr als Betriebsausgabe abziehbar sein. Um ein Ausgleich zu schaffen, wird im Gegenzug die Steuermesszahl auf 3,5 % abgesenkt und der Anrechnungsfaktor von 1,8 auf 3,8 bei der ESt erhöht. Das Gesetz tritt am 01.01. 2008 in Kraft.[177]

4.1.4 Umsatzsteuer

I.S.d. § 2 Abs. 1 UStG gilt die Schifffahrtsgesellschaft als Unternehmer.[178] Zu den erzielbaren Umsätzen zählen nach § 8 Abs. 1 Nr. 1 UStG die Lieferungen, Umbauten, Instandsetzungen, Wartungen, Vercharterungen und Vermietungen von Wasserfahrzeugen für die Seeschifffahrt, die dem Erwerb durch die Seeschifffahrt zu dienen bestimmt sind.[179] Die Erlöse eines Schiffes, welche durch die Seeschifffahrt erzielt werden, sind umsatzsteuerbar. Jedoch in den Fällen der Zeit-, Reise- und Bareboat-Vercharterung sind nach den §§ 4 Nr. 2 i.V.m. 8 Abs. 1 Nr. 1 UStG die Umsätze von der USt befreit.[180] Die Einnahmen der Schifffahrtsgesellschaft sind solche Umsätze. Ein wesentliches Kennzeichen dafür ist, dass ein Vertrag mit einem Charterer über einen bestimmten Zeitraum zur Überlassung von Schiffraum abschlossen wird.

Bei den begünstigten Schiffen sind folgende Voraussetzungen zu berücksichtigen:

- Die Begünstigung betrifft Wasserfahrzeuge, die nach ihrer Bauart ausschließlich für den Erwerb durch die Seeschifffahrt dienen. Diese Bestimmung muss zum Zeitpunkt des Umsatzes vorliegen.

- Die Wasserfahrzeuge mussen mindestens 12 Meter lang sein und für Personen- oder Güterverkehr bestimmt sein.

- Der Einsatz des Schiffes muss tatsächlich erfolgen, d.h. das Personen oder Güter gegen Entgelt über See befördert werden.

- Die Binnenschifffahrt ist hiervon ausgeschlossen.[181]

Obwohl die Gesellschaft steuerbefreit ist, ist sie dennoch nach § 15 Abs. 3 Nr. 1a UStG berechtigt für Lieferungen und Leistungen, die im Zusammenhang mit der Anschaffung und dem Betrieb des Schiffes stehen, Vorsteuern zu ziehen.

---

[177] Vgl. NWB Nr. 49 vom 04.12.2006, Steuerlicher Hinweis zum Jahresende 2006, S. 9131 f.
[178] Vgl. Verkaufsprospekt König & Cie., Renditefonds 50, MT King David, S. 88
[179] Vgl. Lippross/Walkenhorst, Basiskommentar zu UStG § 8, 2006, S. 4 f. RZ 12-15
[180] Vgl. Brons, Nationale und internationale Besteuerung der Seeschifffahrt, 1990; S 184
[181] Vgl. Lippross/Walkenhorst, Basiskommentar zu UStG § 8, 2006, S. 3 f. RZ 7-10

Genauso sind, nach Auffassung des europäischen Gerichtshofes und Bundesfinanzhofes, Vorsteuern unbeschränkt abziehbar, die mit Leistungen im Zusammenhang mit der Ausgabe von Gesellschaftsanteilen in Verbindung stehen. Alle Leistungen, die im außerunternehmerischen Bereich anfallen, sind vom Vorsteuerabzug ausgeschlossen [182]

4.2 Besteuerung aufgrund der Sachlage einer Veräußerung, Liquidation der Gesellschaft

4.2.1 Einkommensteuer

Es ist von Anfang an davon auszugehen, dass die Schiffsgesellschaft nach einer bestimmten Zeit das Schiff durch Gesellschafterbeschluss veräußert und die Gesellschaft aufgelöst wird. Für die Auflösung der Gesellschaft ist in den meisten Fällen die persönlich haftende GmbH der Schiffsgesellschaft zuständig. Deren Aufgabe ist es, alle Forderungen einzuziehen, alle Verbindlichkeiten der Gläubiger zu begleichen, die Rückzahlungen der Einlagen an die Kommanditisten zu veranlassen sowie den verbleibenden Gewinn des Verkaufs anteilig an die Gesellschafter zu verteilen.[183]

Für die Veräußerung ist der Zeitpunkt maßgebend, in dem die Übertragung des wirtschaftlichen Eigentums des Schiffes an den Erwerber übergeht. In diesem Veranlagungszeitraum ist der Veräußerungsgewinn zu versteuern.[184]

Die Veräußerungsgewinne können nach Einhaltung der Voraussetzungen unter die Vergünstigungen nach § 16 Abs. 4 und § 34 EStG fallen.[185] Hierzu näheres in dem Pkt. 6.2.3.2. Jedoch gilt der Freibetrag aus § 16 Abs. 4 EStG nicht für die Obergesellschaft in der doppelstöckigen Personengesellschaft, da die persönlichen Voraussetzungen bei dieser nicht gegeben sind.[186]

Hat die Gesellschaft ihren Gewinn pauschal nach § 5a Abs. 1 EStG ermittelt, so ist der Veräußerungsgewinn aus dem Verkauf des Schiffes bzw. der Liquidation der Gesellschaft abgegolten, sprich eine Besteuerung nach § 16 EStG fällt nicht mehr an.[187] Der entstandene Unterschiedsbetrag zum Zeitpunkt des Wechsels von der herkömmlichen Gewinnermittlung in die Tonnagegewinnermittlung muss aufgelöst werden und wird anteilig auf die

[182] Vgl. Verkaufsprospekt Twinfonds IV, 15. Oltmann Gruppe, Tonnagesteuer Renditefonde, S. 43
[183] Vgl. Verkaufsprospekt König & Cie., Renditefonds 50, MT King David, S. 99
[184] Vgl. Brönner, Die Besteuerung der Gesellschaften, 2007, S. 706 RZ 2213
[185] Vgl. Brönner/Rux/Wagner, Die GmbH & Co. KG, 1998, S. 356 RZ 668
[186] Vgl. Preißer/Scheiber, Doppel-und mehrstöckige Personengesellschften, 2007, S.6
[187] Vgl. Verkaufsprospekt MS Santa Laetitia und MS Santa Liana, Münchmeyer Petersen Capital, S. 122

Gesellschafter verteilt, die wiederum mit dem vollen Steuersatz besteuern müssen. Hier finden die §§ 16 Abs. 4 und 34 EStG keine Anwendung.[188]

4.2.2 Gewerbesteuer

Die Gewerbesteuerpflicht endet erst mit der Aufgabe oder Abwicklung, sprich mit der tatsächlichen Einstellung der gewerblichen Tätigkeit, gem. § 4 GewStDV.

Die bloße Absicht, bspw. das Schiff zu verkaufen, reicht nicht aus. Auch wenn das Schiff eine bestimmte Zeit im Hafen stillliegt, weil kein Chartervertrag abgeschlossen werden konnte, so können die aufgedeckten stillen Rücklagen als laufende Einkünfte der GewSt unterliegen. Sind nach der Betriebseinstellung noch offene Forderungen eingegangen, gilt dies nicht als Fortführung des Betriebes.[189] Werden während der Verteilung der Vermögensbeträge an die Gesellschafter Gelder für die Begleichung von Schulden zurückbehalten, so gilt die Gewerbesteuerpflicht solange bis diese beglichen sind. Für Steuerschulden gilt dies nicht.[190]

Zum Gewerbeertrag nach Abschn. 38 Abs. 3 GewStR gehören nicht die Veräußerungs-gewinne aus der Aufgabe von Betrieben und auch nicht die Veräußerungsgewinne aus einer Beteiligung an einer Personengesellschaft. Demzufolge sind für die Schiffsgesellschaft selbst, für die Fondsgesellschaft und für die Anleger, die Gewinne aus einer Veräußerung gewerbe-steuerfrei.

Ist jedoch eine Kapitalgesellschaft an der Schiffsgesellschaft als Kommanditist beteiligt, so sind die erzielten Veräußerungsgewinne gewerbesteuerpflichtig. Hier soll aber nicht näher darauf eingegangen werden.

Da der Gewerbeertrag nun keinen Veräußerungsgewinn enthält, kann dieser auch nicht für Gewerbesteuerverlustvorträge genutzt werden. Und andersherum können Veräußerungs-verluste nicht den Gewerbeertrag mindern.[191]

Eine Schiffsgesellschaft, die zur Tonnagegewinnermittlung optiert hat und das Schiff verkauft, ist wegen der jährlichen ermittelten pauschalen Gewinne auch hier gewerbe-steuerfrei.[192]

---

[188] Vgl. Verkaufsprospekt MS Buxhai Verwaltungs- und Bereederungs-GmbH & Co. KG, 14.11.2005, S. 69
[189] Vgl. Brönner, Die Besteuerung der Gesellschaften, 2007, S. 747 RZ 2382
[190] Vgl. Brönner/Rux/Wagner, Die GmbH & Co. KG, 1998, S. 360 RZ 674
[191] Vgl. Brönner, Die Besteuerung der Gesellschaften, 2007, S. 749 RZ 2390
[192] Vgl. HTB Siebte Hanseatische Schiffsfonds GmbH & Co. KG, Verkaufsprospekt zum Zweitmarkt, S. 27

4.2.3 Umsatzsteuer

Die Personengesellschaft bleibt in der Zeit der Veräußerung umsatzsteuerrechtlicher Unternehmer bis der letzte Posten verkauft wurde und die letzten Umsatzsteuerschulden beglichen sind.[193]

Ein Schiff, das von der Schiffsgesellschaft an ein anderes Unternehmen verkauft wird, ist nach § 1 Abs. 1a UStG nicht umsatzsteuerbar. Diese Regelung soll steuerliche Hindernisse bei einer Unternehmensnachfolge verhindern. Wichtig ist hierbei, dass der Erwerber Unternehmer i.S.d. UStG sein muss, um einen unbelasteten Letztverbrauch zu vermeiden.[194] Wird das Schiff an eine Privatperson verkauft, so muss vom Verkäufer die USt abgeführt werden. Hiervon ist aber nicht auszugehen, denn welche Privatperson hat Interesse daran bspw. ein Containerschiff zu kaufen, deshalb wird nicht näher darauf eingegangen.

---

[193] Vgl. Zimmermann/Hottmann/Hübner/u.a., Die Personengesellschaft im Steuerrecht, 1998, S. 1099
[194] Vgl. Brönner, Die Besteuerung der Gesellschaften, 2007, S. 752 RZ 2403

5. Die Fondsgesellschaft

5.1 Die laufende Besteuerung

5.1.1 Bilanzierung – Ausweis der Beteiligung einer Fondsgesellschaft an einer Schifffahrtsgesellschaft

Die Obergesellschaft ist hier jetzt selbst Mitunternehmerin der Untergesellschaft. Daraus ergibt sich, dass die Beteiligung in der Handels- und Steuerbilanz der Obergesellschaft ausgewiesen werden muss, aber ohne steuerliche Folgen. Grund für diese Handhabung ist, dass die Obergesellschaft kein Privatvermögen besitzt. Somit spiegelt sich das Kapitalkonto der Obergesellschaft bei der Untergesellschaft als Beteiligungskonto der Obergesellschaft in ihrer steuerlichen Buchführung wider (Spiegelbildmethode).[195] Die Beteiligung ist nicht als Wirtschaftsgut anzusehen. Es können daher keine Abschreibungen auf die Beteiligung vorgenommen werden.[196]

5.1.2 Einkommensteuer

5.1.2.1 Die Gesamtgewinnermittlung der Fondsgesellschaft bzw. der Obergesellschaft

Die Fondsgesellschaft/Obergesellschaft gilt mit der Absicht, Gewinne zu erzielen im vollen Umfang als Gewerbebetrieb und vermittelt demzufolge ihren Mitunternehmern/Oberge-sellschaftern Einkünfte aus Gewerbebetrieb gem. § 15 Abs. 3 Nr. 2 EStG.[197]
In die einheitliche Bilanz der Obergesellschaft fließen die steuerlichen Gewinne aus den Gewinnanteilen einer Beteiligung an der Untergesellschaft (Schifffahrtsgesellschaft), eventuell vorhandene eigene erwirtschaftete Gewinn/Verluste, Veräußerungsgewinne aus dem Verkauf von Schiffen oder der Beteiligung an einer Schifffahrtsgesellschaft und die jeweiligen gewerblichen Komponenten ihrer Obergesellschafter gem. § 15 Abs. 1 Satz 1 Nr. 2 EStG ein.[198] Im Rahmen der Gewinnfeststellung der Untergesellschaft entfällt zunächst der Anteil am Gewinn ausschließlich auf die Obergesellschaft und nicht deren Gesellschaftern, da nach § 15 Abs. 1 Satz 1 Nr. 2 Satz 2 EStG die Zwischenschaltung der Obergesellschaft unberührt bleibt und sie selber Gesellschafterin ist.[199] Des Weiteren fallen die Gewinnanteile

---

[195] Vgl. Zimmermann/Hottmann/Hübner/u.a., Die Personengesellschaft im Steuerrecht, 1998, S. 720 f.
[196] Vgl. Preißer/Scheiber, Doppel-und mehrstöckige Personengesellschften, 2007, S.5
[197] Vgl. Verkaufsprospekt I.C.M. Dachfonds mit Zweitmarktbeteiligung, vom 20.10.2005, S. 65
[198] Vgl. Preißer/Scheiber, Doppel-und mehrstöckige Personengesellschften, 2007, S.6
[199] Vgl. Grobshäuser/Maier/Kies, Besteuerung der Gesellschaften, 2005; S. 119

den Kommanditisten der Obergesellschaft erst bei der Gewinnfeststellung der Obergesellschaft zu.

Hierzu eine kurze Übersicht zur Ermittlung des Gesamtgewinns:

Gewinn/Verlust aus der eigenen gewerblichen Tätigkeit der Obergesellschaft

+/./. Gewinn-/Verlustanteil lt. Gewinnverteilung Untergesellschaft

= Gewinn/Verlust lt. Handelsbilanz/Steuerbilanz der Obergesellschaft

+/./. Gewinn/Verlust lt. Ergänzungsbilanzen der Obergesellschafter

+/./. Gewinn/Verlust lt. Sonderbilanzen der Obergesellschafter

= Steuerlicher Gesamtgewinn der Obergesellschaft[200]

Im zugerechneten Gesamtgewinnanteil der Untergesellschaft sind zusätzlich die Ergebnisse aus den Ergänzungs- und Sonderbilanzen, die für die Obergesellschaft bei der Untergesellschaft geführt werden, enthalten.

In dem Fall, dass die Gewinnanteile von der Untergesellschaft der Obergesellschaft zugerechnet werden, kann davon ausgegangen werden, dass hier die Obergesellschaft Einkommensteuersubjekt ist. Aber diese Annahme ist falsch, denn die entfallenden Einkünfte der Obergesellschaft werden erst bei den Obergesellschaftern besteuert.[201]

Im Allgemeinen ist zu sagen, dass eine Fondsgesellschaft sich aufgrund der günstigen Tonnagegewinnermittlung nur noch selten für eine Beteiligung, die ihren Gewinn nach der herkömmlichen Methode ermittelt, entscheidet.

5.1.2.2 Steuerliche Ergebnisse vor dem Erwerb einer ersten Beteiligung

Bevor eine Fondsgesellschaft in einem Zielfonds investiert, können in der Anfangsphase andere Erträge, die versteuert werden müssen, auftreten. Demgemäß können auf die bereits eingezahlten Einlagen der Anleger Zinserträge anfallen. Die Zinseinkünfte, die den Anlegern zugerechnet werden, gehören zu der Kategorie der Gewerbeeinkünfte nach § 15 Abs. 1 Satz 1 Nr. 2 EStG, da die Fondsgesellschaft eine gewerblich geprägte Personengesellschaft darstellt, gem. § 15 Abs. 3 Nr. 2 S. 2 EStG.

---

[200] Vgl. Zimmermann/Hottmann/Hübner/u.a., Die Personengesellschaft im Steuerrecht, 1998, S. 718
[201] Vgl. Werner, Einkommensteuerrechtliche Zurechnung bei mittelbaren Beteiligungen an PerG, 2003, Band 12, S.135, 138

Jegliche Aufwendungen, die vor dem ersten Erwerb eines Zielfonds, der unter die Tonnagebesteuerung fällt, auftreten, sind Betriebsausgaben der Fondsgesellschaft und reduzieren somit das steuerliche Ergebnis.[202]

5.1.3 Gewerbesteuer

Der in Pkt. 5.1.2.1. ermittelte steuerlicher Gesamtgewinn, der auch aufgelöste Unterschiedsbeträge der Schiffsgesellschaft enthalten kann, ist auch hier die Basis für die Ermittlung des Gewerbeertrages der Obergesellschaft. Dieser ist zusätzlich nach § 9 Nr. 2 GewStG um die Anteile am Gewinn der Untergesellschaft zu kürzen bzw. nach § 8 Nr. 8 GewStG sind die Anteile am Verlust der Untergesellschaft hinzuzurechnen, wenn die Gewinnanteile bei der Ermittlung des Gewinns angesetzt worden sind.[203] Für diese Einkünfte aus Anteilen einer Untergesellschaft würde auf der Ebene der Fondsgesellschaft demzufolge keine GewSt mehr anfallen. Das gilt für die herkömmliche Gewinnermittlung sowie auch für die Ermittlung des Tonnagegewinns nach § 5a EStG.

Jedoch könnten aus einer verzinslichen Anlage der Liquiditätsreserve oder aus den bereits gezahlten Einlagen von den Anlegern in der Anfangsphase Zinserträge anfallen. Diese Einkünfte unterliegen der GewSt und können von den Anlegern nach § 35 EStG auf die ESt angerechnet werden. Hierzu s. Pkt. 6.1.8.

5.1.4 Umsatzsteuer

Eine Fondsgesellschaft, die in Beteiligungen an Schifffahrtsgesellschaften, welche von den bisherigen Anlegern verkauft wurden, investiert, ist Unternehmer i.S.d. § 2 Abs. 1 UStG. Da sie aber aufgrund des § 4 Nr. 8 mit ihren Umsätzen von Anteilen an Gesellschaften umsatz-steuerbefreit ist, ist sie zum Vorsteuerabzug nicht berechtigt.[204]

Ein Transparenzprinzip gibt es in der Umsatzsteuer nicht und daher ist das Steuersubjekt die Schifffahrtsgesellschaft und nicht die Fondsgesellschaft in der Stellung eines Komman-ditisten. Transparenzprinzip bedeutet, dass auf Ebene des Gesellschafters die Steuerpflicht eintritt und das ist bei der Umsatzsteuer nicht der Fall.[205]

---

[202] Vgl. Verkaufsprospekt I.C.M. Dachfonds mit Zweitmarktbeteiligung, vom 20.10.2005, S. 67
[203] Vgl. Zimmermann/Hottmann/Hübner/u.a., Die Personengesellschaft im Steuerrecht, 1998, S. 718
[204] Vgl. HTB Siebte Hanseatische Schiffsfonds GmbH & Co. KG, Verkaufsprospekt zum Zweitmarkt, S. 28
[205] Vgl. Heinhold/Bachmann/Hüsing, Besteuerung der Gesellschaften, 2004, S. 36

5.2 Verkauf von Anteilen an der Schifffahrtsgesellschaft – Veräußerungsgewinn der Obergesellschaft

Veräußert die Obergesellschaft, die Mitunternehmerin der Untergesellschaft ist, ihre Anteile, so gilt dies als eine Veräußerung nach den § 16 Abs. 1 Nr. 2 EStG.[206]

Ermittelt die Untergesellschaft nach § 5a Abs. 1 EStG einen pauschalen Gewinn, so ist der erzielte Ertrag bei einer Veräußerung somit einkommensteuerfrei. Ermittelt die Untergesellschaft jedoch nach herkömmlicher Methode ihren Gewinn, so unterliegen die Veräußerungsgewinne vollständig der ESt.

Der erzielte Veräußerungsgewinn unterliegt bei den Gesellschaftern den Vergünstigungen nach § 16 Abs. 4 und § 34 EStG. Die Anwendung der Vergünstigungen bei den Anlegern wird in Pkt. 6.2. ausführlich dargestellt. Die Obergesellschafter verlieren ihre Stellung als mittelbare Mitunternehmer bei der Untergesellschaft.[207]

Bemessungsgrundlage für die GewSt ist der laufende Gewinn, daher scheidet der Veräußerungsgewinn aus einer Veräußerung des Mitunternehmeranteils für die Ermittlung des Gewerbeertrages aus. Dies gilt auch, wenn die Beteiligung von einer anderen Personengesellschaft, wie hier die Obergesellschaft, gehalten wird.[208]

---

[206] Vgl. Preißer/Scheiber, Doppel-und mehrstöckige Personengesellschften, 2007, S.6
[207] Vgl. Zimmermann/Hottmann/Hübner/u.a., Die Personengesellschaft im Steuerrecht, 1998, S. 733 f.
[208] Vgl. Brönner, Die Besteuerung der Gesellschaften, 2007, S. 1805 RZ 639

6. Die Besteuerung des Anlegers bzw. des Kommanditisten der GmbH & Co. KG

6.1 Die laufende Besteuerung

6.1.1 Allgemeines

Der Anleger investiert eine Mindestzeichnungssumme, die meist erst ab 10.000 € beginnt, in die einfache Schiffsgesellschaft oder Fondsgesellschaft. Diese Beteiligung sollte der Erwerber als langfristig ansehen.

Er wird Mitinhaber dieser Gesellschaft und haftet für alle Risiken mit seiner Kapitaleinlage nur dann, wenn seine Einlage komplett den Wert hat, die als Haftsumme im Handelsregister gem. § 171 Abs. 1 Halbsatz 2 HGB eingetragen ist.[209] Sofern der Anleger die volle Summe der Anlage noch nicht geleistet hat, bleibt er persönlich unmittelbar haftbar mit seinem Privatvermögen in Höhe der Differenz der gezeichneten Einlage und der bereits gezahlten Rate. Scheidet der Gesellschafter aus, so haftet er danach noch 5 Jahre mit seiner Haftsumme für Verbindlichkeiten, die bei Ausscheiden aus der Gesellschaft schon bestanden.[210]

In aller Regel wird die Nachschusspflicht für den Kommanditisten ausgeschlossen, d.h. dass er keine zusätzlichen Einzahlungen leisten muss, wenn die eigentliche Einlage entrichtet wurde.[211]

Der Kommanditist erhält in den meisten Fällen einen Zeichnungsschein. Dieser beinhaltet persönliche Angaben des Zeichners, die Summe des eingezahlten Kapitals wie auch rechtliche Tatbestände.[212] Die meisten Schifffahrtsgesellschaften oder Schiffsfondsgesellschaften bieten eine Beteiligung über einen Treuhänder an, der das jeweilige Beteiligungskapital treuhänderisch durch Abschluss eines Treuhändervertrages hält.[213] Alle steuerlichen Angaben zum Kommanditisten beziehen sich auf eine nach § 1 Abs. 1 EStG natürliche Person (außer Pkt. 6.1.10.), die in Deutschland ansässig und unbeschränkt einkommensteuerpflichtig ist. Die Beteiligung des Anlegers wird im Privatvermögen gehalten.[214]

---

[209] Vgl. Brönner/Rux/Wagner, Die GmbH & Co. KG, 1998, S.72 RZ 130
[210] Vgl. Verkaufsprospekt I.C.M. Dachfonds mit Zweitmarktbeteiligung; vom 20.10.2005, S. 62
[211] Vgl. Anhang I, Nr. 33
[212] Vgl. Verkaufsprospekt Lloyd Fonds, Erfolgreich anlegen, S. 24
[213] Vgl. HTB Siebte Hanseatische Schiffsfonds GmbH & Co. KG, Verkaufsprospekt zum Zweitmarkt, S. 8
[214] Vgl. Verkaufsprospekt MS Santa Laetitia und MS Santa Liana, Münchmeyer Petersen Capital, S. 119

6.1.2 Einkunftsart, Mitunternehmerschaft und Gewinnabzielungsabsicht

Der Anleger ist direkt oder mit einer mittelbaren Beteiligung an einer Ein-Schiffsgesellschaft oder mittelbar als Dachfonds an mehrere Schifffahrtsgesellschaften beteiligt. Trotz der Zwischenschaltung einer eventuellen Treuhand-Personengesellschaft oder der Fondsgesellschaft stellt die mittelbare Beteiligung dennoch einen Gewerbebetrieb dar, gem. § 15 Abs. 1 Nr. 2 S. 2 EStG. Demzufolge gilt der Gesellschafter als steuerlicher Mitunternehmer.[215] Eine Mitunternehmerschaft bedeutet Unternehmensinitiative auszuüben und das Unternehmensrisiko zu tragen. Die Merkmale als Mitunternehmer müssen vorliegen. Sie können in unterschiedlicher Ausprägung vorhanden sein.[216] Für den Kommanditisten sind die Merkmale weder tatsächlich noch rechtlich eingeschränkt.[217] Für die Unternehmensinitiative in der GmbH § Co. KG reicht es, wenn dem Kommanditisten die gesetzlichen Rechte, wie Stimm- und Kontrollrecht, eingeräumt werden.[218] Das Unternehmensrisiko zeigt sich, indem der Kommanditist am Gewinn und Verlust beteiligt ist.[219] Somit werden die Gewinne aus den einzelnen Beteiligungen hinsichtlich ihrer Beteiligungsquote zugerechnet und sind als gewerbliche Einkünfte gem. § 15 EStG zu versteuern.[220]

Ausreichend für eine steuerliche Mitunternehmerschaft sind nicht nur das Mitunternehmerrisiko und die Mitunternehmerinitiative, sondern setzt auch die Absicht zur Gewinnerzielung im Sinne § 15 Abs. 2 Satz 1 EStG voraus, d.h. dass die Schiffsgesellschaft auf eine Steigerung des Betriebsvermögens ausgerichtet sein muss.[221] Der Zweck eines solchen Merkmals ist die Trennung zwischen Gewerbebetrieb und der einkommensteuerlich unbeachtlichen Liebhaberei.[222]

Im Allgemeinen kann gesagt werden, dass jede Schifffahrtsgesellschaft oder Schiffsfondsgesellschaft bestrebt ist, Gewinne zu erzielen und auch die Mitunternehmereigenschaften zu erfüllen.

---

[215] Vgl. Verkaufsprospekt Twinfonds IV, 15. Oltmann Gruppe, Tonnagesteuer Renditefonde, S. 40
[216] Vgl. Brönner/Rux/Wagner, Die GmbH & Co. KG, 1998, S.90 RZ 179
[217] Vgl. Verkaufsprospekt Twinfonds IV, 15. Oltmann Gruppe, Tonnagesteuer Renditefonde, S. 40
[218] Vgl. Fichtelmann, Die GmbH & Co. KG im Steuerrecht, 1999, S. 51 RZ 180
[219] Vgl. Verkaufsprospekt König & Cie., Renditefonds 50, MT King David, S. 83
[220] Vgl. HTB Zweitmarkt, Geschlossene Zweitmarktfonds im Immobilien- und Schiffsbereich, 2007, S. 17
[221] Vgl. Brönner/Rux/Wagner, Die GmbH & Co. KG, 1998, S.94
[222] Vgl. Lippross/Lüer, Basiskommentar zu EStG § 15 Einkünfte aus Gewerbebetrieb, 2005, S. 9, RZ 31

6.1.3 Gewinnermittlungen

6.1.3.1 Tonnagegewinnermittlung

Beteiligungen an Schifffahrtsgesellschaften, die bereits zur Tonnagegewinnermittlung optiert haben, ermitteln den Gewinn pauschal je nach Schiffsgröße. Dadurch wird der tatsächliche ermittelte Gewinn nicht mehr ausschlaggebend und die Besteuerung der Gewinnanteile für den Anleger fallen sehr gering bzw. im weitesten Sinne einkommensteuerfrei aus.[223] Erzielt der Schiffsbetrieb keinen Ertrag, der sich aus einer schlechten wirtschaftlichen Notlage oder sonstigen Ursachen ergeben kann, so werden für den Investor dennoch die steuerlichen Ergebnisse fällig.[224]

Der folgende Absatz zeigt ein Beispiel zur Tonnagegewinnermittlung eines Containerschiffes mit 20.000 Nettotonnen nach § 5a Abs. 1 EStG:

1.000 t	x	0,92 € / 100	=	9,20 €
9.000 t	x	0,69 € / 100	=	62,10 €
10.000 t	x	0,23 € / 100	=	23,00 €
20.000 t			=	94,30 € x 365 Betriebstage = 34.419 € p.a.[225]

Beteiligt sich der Investor mit einer Einlage in Höhe von 100.000 €, so beträgt sein Anteil am Schiff 0,5 % ausgehend vom Eigenkapital in Höhe von 20.000.000 €. Demzufolge fällt für ihn ein steuerlicher Gewinn in Höhe von 172,10 € an. Daraus würde sich bei einem Spitzensteuersatz nach § 32c EStG [42 % + (5,5 % von 42 %) = 44,31 %] in 2006 eine Steuerbelastung von rd. 76,25 € ergeben.[226]

6.1.3.2 Herkömmliche Gewinnermittlung

Bei einer Beteiligung, die nicht zur Tonnagegewinnermittlung optiert hat, wird der Gewinn nach dem § 5 EStG durch Betriebsvermögensvergleich berechnet. Das erzielte Ergebnis der Personengesellschaft kann sowohl positiv als auch negativ ausfallen.[227] Zunächst ermittelt die

---

[223] Vgl. HTB Siebte Hanseatische Schiffsfonds GmbH & Co. KG, Verkaufsprospekt zum Zweitmarkt, S. 26
[224] Vgl. Verkaufsprospekt König & Cie., Renditefonds 50, MT King David, S. 83
[225] Vgl. Littmann, Das Einkommensteuerrecht : Kommentar zum Einkommensteuergesetz, 2005, Weiland §5a, S. 870/30 RZ 50
[226] Vgl. HCI informiert, Die Tonnagesteuer 2005, S. 4
[227] Vgl. HTB Siebte Hanseatische Schiffsfonds GmbH & Co. KG, Verkaufsprospekt zum Zweitmarkt, S. 26

Personengesellschaft nach den Vorschriften ihrer Handels- und Steuerbilanz den Gewinn.[228] Die Gewinne werden genau wie bei einer Verteilung der Tonnagegewinne entsprechend der Beteiligungsquote den Gesellschaftern zugeteilt.[229] Einzubinden sind die Ergänzungs- und Sonderbilanzen der Gesellschafter. Eine Ergänzungsbilanz dient der Berichtigung von Wertabweichungen zwischen der Steuerbilanz der Gesellschaft und den Steuerbilanzen einzelner Gesellschafter.[230] Sie kann entstehen, wenn ein Gesellschafter Anteile zu einem Kaufpreis ersteht, der über oder unter dem Buchwert der Beteiligung liegt.

Die Sonderbilanz erfasst aktive und passive Wirtschaftsgüter des Sonderbetriebsvermögens bzw. die Sonderbetriebseinnahmen und –ausgaben.

Ist es vorgesehen von einer herkömmlichen Gewinnermittlung zu einer Tonnagegewinnermittlung zu wechseln, so ist ein Unterschiedsbetrag, der sich aus der Differenz des Teilwertes (Zeitwert) und dem Buchwert erzielen lässt, zu ermitteln und in eine besondere Position als stille Reserven aufzunehmen, s. Pkt. 4.1.2.2.2. - Ermittlung des Unterschiedsbetrages.[231]

6.1.4 Feststellung von Gewinn und Verlust

Das steuerlich ermittelte Ergebnis der Gesellschaft nach § 5a ESt (Tonnagegewinnermittlung) oder nach § 5 EStG (herkömmliche Gewinnermittlung) wird auf die Kommanditisten im Verhältnis der am Abschlussstichtag eingezahlten Einlagen zum Gesamtkapital verteilt.[232] Gem. § 180 Abs. 1 Nr. 2a AO werden die Gewinne oder Verluste gesondert und einheitlich vom zuständigen Finanzamt der Gesellschaft festgestellt und auf Amtswegen den Wohnsitzfinanzämtern der Anleger gemeldet.[233] Diese Gewinnanteile, unabhängig davon, ob die Beteiligung im Betriebsvermögen oder im Privatvermögen gehalten werden, sind mitunternehmerisch erzielte Einkünfte aus Gewerbebetrieb, die in der persönlichen ESt-erklärung der Gesellschafter berücksichtigt werden.[234] Der neben dem ermittelten Tonnagegewinn errechneten Gewinn oder Verlust der Steuerbilanz ist für die Berechnung des Investors der ESt oder der GewSt nicht relevant.[235]

---

[228] Vgl. Fichtelmann, Die GmbH & Co. KG im Steuerrecht, 1999, S. 95 RZ 349
[229] Vgl. Geschlossene Zweitmarktfonds im Immobilien- und Schiffsbereich, HTB Zweitmarkt, S. 17
[230] Vgl. Brönner/Rux/Wagner, Die GmbH & Co. KG, 1998, S.186, RZ 419
[231] Vgl. HCI informiert, Die Tonnagesteuer 2005, S. 4
[232] Vgl. Verkaufsprospekt König & Cie., Renditefonds 50, MT King David, S. 86
[233] Vgl. Verkaufsprospekt MS Santa Laetitia und MS Santa Liana, Münchmeyer Petersen Capital, S. 120
[234] Vgl. Brönner/Rux/Wagner, Die GmbH & Co. KG, 1998, S.254 RZ 486
[235] Vgl. Verkaufsprospekt MS Santa Laetitia und MS Santa Liana, Münchmeyer Petersen Capital, S. 120

6.1.5 Sonderbetriebseinnahmen und –ausgaben

Im Rahmen der Tonnagesteuer werden die Sonderbetriebausgaben nicht berücksichtigt.[236] Dies hat zum Inhalt, dass Zinsen für die Finanzierung einer Schiffsbeteiligung, Notarkosten etc. für einen Abzug nicht zulässig sind.[237] Eine Berechtigung für den Ausgabenabzug besteht nur, wenn die Kosten unmittelbar mit den hinzuzurechnenden Sondervergütungen i. S. § 15 Abs. 1 S. 1 Nr. 2 EStG in Beziehung zueinander stehen.[238] Um ein Beispiel zu nennen, wäre das der Fall, wenn der Gesellschafter der Gesellschaft ein Darlehen zur Verfügung stellt, das er wiederum durch Aufnahme eines Kredites finanziert hat.

Die Vergütungen, die ein Gesellschafter i. S. d. § 15 Abs. 1 S. 1 Nr. 2 und S. 2 EStG für die Tätigkeit im Dienste der Gesellschaft oder Hingabe von Darlehen erhält, werden nach § 5a Abs. 4a S. 3 EStG dem pauschal ermittelten Gewinnanteil des Gesellschafters hinzugerechnet. Dadurch, dass die Vergütungen nicht zur Tonnagegewinnermittlung gehören, wird der Missbrauch von steuerlichen Gestaltungen durch eine Beteiligung an der Personengesellschaft mit Zwerganteilen vorsorglich verhindert.[239]

Antangs wurde in Betracht gezogen, dass eine Einbeziehung der Vergütung nur mit einer Mindestbeteiligung in Höhe von 5 %, nach dem Vorbild der Niederländer, berücksichtigt wird. Diese Idee konnte nicht durchgesetzt werden und somit ist die Höhe der Beteiligung unrelevant.[240]

Angesprochen wird hier das Sonderbetriebsvemögen I. Das sind Wirtschaftsgüter, die dem Betrieb der Gesellschaft unmittelbar, es muss objektiv erkennbar sein, für den Einsatz im Betrieb dienen.

Die Bereederungsentgelte von einem Bereederer, der mit am Schiff beteiligt ist und ein Vorabgewinn, der aus gesellschaftsrechtlicher Festlegung entsteht, zählen nicht zu den hinzuzurechnenden Vergütungen nach § 15 Abs. 1 Satz 1 Nr.2 und Satz 2 EStG. Grundlegender Unterschied zwischen einem Vorabgewinn und zuzurechnende Vergütungen ist, dass Sondervergütungen nach § 15 Abs. 1 Satz 1 Nr. 2 und Satz 2 EStG immer zu zahlen sind, hier spielt es keine Rolle ob Gewinn erwirtschaftet wird oder nicht. Der Vorabgewinn ist abhängig von den Erlösen einer Schiffsgesellschaft.[241]

---

[236] Vgl. Anhang I, Nr. 34
[237] Vgl. HCI informiert, Die Tonnagesteuer 2005, S. 10
[238] Vgl. BMF-Schreiben vom 12.06.2002, IV A 6 – S 2133a – 11/02, RZ 29
[239] Vgl. Kirchhof- EStG Kompaktkommentar, 2003, Gosch, S. 339 RZ 37
[240] Vgl. Littmann, Das Einkommensteuerrecht : Kommentar zum Einkommensteuergesetz, 2005, Weiland §5a, S. 870/43 RZ 171
[241] Vgl. BMF-Schreiben vom 12.06.2002, IV A 6 – S 2133a – 11/02, RZ 34

Zum Sonderbetriebsvermögen II zählen die Wirtschaftsgüter, die unmittelbar zur Begründung oder Stärkung der Beteiligung an der GmbH & Co. KG eingesetzt werden.[242] Hierzu gehören besonders die Anteile des Kommanditisten einer GmbH & Co. KG an der Komplementär-GmbH. Der Kommanditist kann hierdurch seine Stellung an der KG bekräftigen und seine Einflussnahme ausdehnen.[243] Die Sonderausgaben, wie Reisekosten zur Zeichnung, Gebühren für die Eintragung als Kommanditist, etc., können hier zugeordnet werden. Das Sonderbetriebsvermögen II ist mit der Tonnagegewinnermittlung nach § 5a Abs. 1 EStG abgegolten. Es sei denn, dass das Sonderbetriebsvermögen II Ausschüttungen der Komplementär-GmbH an den Kommanditisten enthält, die nicht unmittelbar mit dem Betrieb eines Handelsschiffes im internationalen Verkehr verknüpft sind, dann unterliegen diese Erträge der normalen Besteuerung.[244]

Ermittelt eine Gesellschaft ihren Gewinn nach der herkömmlichen Methode, gehören hier die Ausschüttungen einer Komplementär-GmbH an den Kommanditisten der GmbH & Co. KG zu den Sonderbetriebseinnahmen. Diese erhöhen somit gleichzeitig auch den Gewinn der KG.[245]

Die Zinsen, die ein Kommanditist zahlen muss, wenn er seine Schiffsbeteiligung fremdfinanziert hat, können als Sonderbetriebsausgaben in voller Höhe im Jahr der Verursachung abgezogen werden. Wie oben im ersten Absatz schon erwähnt, ist dies nur bei einer herkömmlichen Gewinnermittlung möglich. Nicht abzugsfähig nach § 4 Abs. 4a EStG sind Zinsen, die aus Überentnahmen entstehen.[246] Überentnahmen ist der Betrag, der höher ist als die Summe aus Gewinn und Einlagen gem. § 4 Abs. 4a Satz 2 EStG.

6.1.6 Verlustausgleichsbeschränkung

Erworbene Schiff-Zweitmarkt-Fonds, die bereits zur Tonnagegewinnermittlung optiert haben, weisen immer einen positiven pauschalen Gewinn aus. Somit fällt die Anwendung der §§ 10d (Verlustrücktrag und –vortrag), 15a (beschränkte Haftung der Gesellschafter) und 15b EStG (Steuerstundungsmodell) raus.[247]

Es ist aber möglich, den § 15a EStG während der Zeit der Tonnagegewinnermittlung zu gebrauchen, wenn neben der Tonnagebesteuerung eine Steuerbilanz einschließlich der

---

[242] Vgl. Heinhold/Bachmann/Hüsing, Besteuerung der Gesellschaften, 2004, S. 46
[243] Vgl. Brandmüller/Sauer, Bonner Handbuch Personengesellschaft, Bd. 2 Fach F RZ. 638
[244] Vgl. Littmann, Das Einkommensteuerrecht : Kommentar zum Einkommensteuergesetz, 2005, Weiland §5a, S. 870/44 RZ 175,176
[245] Vgl. Brönner/Rux/Wagner, Die GmbH & Co. KG, 1998, S.250 RZ 482
[246] Vgl. Anhang I, Nr. 35
[247] Vgl. Verkaufsprospekt Twinfonds IV, 15. Oltmann Gruppe, Tonnagesteuer Renditefonde, S. 41

Kapitalkonten weitergeführt wird.[248] Hier wird demzufolge der ermittelte Gewinn nach § 4 Abs. 1 und § 5 EStG als Grundlage genutzt, gem. § 5a Abs. 5 S. 4 EStG.[249]

Nach § 15a Abs. 1 EStG können die Verluste lediglich bis zur Höhe der Hafteinlage ausgeglichen werden. Übersteigen die Verluste die Einlagen, wie z.b. Anfangsverluste in der Anlaufphase, so sind sie nur mit späteren herkömmlich ermittelten Gewinnen aus der Beteiligung und den aufgelösten Unterschiedsbeträgen, z.B. bei Ausscheiden des Gesellschafters oder Verkauf des Schiffes, verrechenbar.[250] Die verrechenbaren Verluste sind jährlich gesondert festzustellen, gem. § 15a Abs. 4 EStG.

Der Verlust kann zeitlich unbeschränkt auf die nächsten Jahre vorgetragen werden, jedoch darf er nicht nach § 10d EStG abgezogen werden.[251] Die Höhe des Verlustausgleiches nach § 15a Abs. 1 Satz 2 EStG ist bei erweiterter Haftung immer der höhere Betrag, d.h.

- die Einlage ist maßgeblich, wenn sie höher als die Haftsumme ist.
- die Haftsumme ist maßgeblich, wenn sie höher als die Einlage ist.[252]

Barauszahlungen von Liquiditätsüberschüssen oder Kapitalrückzahlungen führen nicht zur Steuerpflicht, wenn hierdurch kein negatives Kapitalkonto entsteht und/oder der Kommanditist direkt im Handelsregister eingetragen ist.[253] Ist dies jedoch nicht der Fall, dann handelt es sich um steuerpflichtige Entnahmen nach § 15a Abs. 3 EStG. Diese fiktiven Gewinne sind neben den Tonnagesteuergewinnen gesondert zu versteuern.[254]

Die entstandenen Verluste nach § 15a EStG dürfen nicht mit dem Tonnagegewinn verrechnet werden.[255]

§ 15b EStG trifft auf den Fall zu, wenn Aufwendungen in der Phase der Kapitaleinwerbung zu Verlusten führen. Diese Verluste können die Anleger weder mit anderen Einkünften noch mit Gewerbeeinkünften verrechnen, sofern die Anfangsverluste mehr als 10 % des Eigenkapitals übersteigen. Die Verluste können jedoch in den folgenden Wirtschaftsjahren mit Einkünften aus derselben Einnahmequelle verrechnet werden. Die Anwendungen der §§ 10d und 15a EStG finden nicht mehr statt.[256] Überwiegend kann für die Beteiligungen gesagt

[248] Vgl. Verkaufsprospekt König & Cie., Renditefonds 50, MT King David, S. 85
[249] Vgl. BMF-Schreiben vom 12.06.2002, IV A 6 – S 2133a – 11/02, RZ 32
[250] Vgl. HTB Zweitmarkt, Geschlossene Zweitmarktfonds im Immobilien- und Schiffsbereich, S. 17
[251] Vgl. Brönner, Die Besteuerung der Gesellschaften, 2007, S. 345 RZ 865
[252] Vgl. Zimmermann/Hottmann/Hübner/u.a., Die Personengesellschaft im Steuerrecht, 1998, S. 603
[253] Vgl. Verkaufsprospekt MS Buxhai Verwaltungs- und Bereederungs-GmbH & Co. KG, 14.11.2005; S. 68 f.
[254] Vgl. Verkaufsprospekt König & Cie., Renditefonds 50, MT King David, S. 85
[255] Vgl. Anhang I, Nr. 36
[256] Vgl. HTB Zweitmarkt, Geschlossene Zweitmarktfonds im Immobilien- und Schiffsbereich, S. 17

werden, dass die Anwendung des § 15b EStG nicht zum Tragen kommt, da die negativen steuerlichen Ergebnisse meistens die 10%-Marke nicht überschreiten werden.[257]

§ 10d EStG wird auf Ebene der Ermittlung des Einkommens des Anlegers angewandt. Hat eine Beteiligung noch nicht zur Tonnagegewinnermittlung optiert und bleiben die Einkünfte nach Verlustrechnung des § 15a EStG immer noch negativ[258], dann ist es möglich, dass nach § 10d EStG der zugerechnete ausgleichfähige Verlust des Mitunternehmers wahlweise ein Jahr zurückgetragen oder vorgetragen werden kann. Der Rücktrag ist auf 511.500 € begrenzt. Hingegen kann der Verlustvortrag auf 1.000.000 € unbegrenzt, darüber hinaus bis zu 60 % des 1.000.000 € übersteigenden Gesamtbetrages abgezogen werden.[259]

6.1.7 Erbschaft- und Schenkungssteuer

6.1.7.1 Allgemeines

Ziel der Erbschafts- und Schenkungsbesteuerung ist die Beteiligung des Staates am Wert der unentgeltlichen Übernahme auf Seiten des Erben und Beschenkten.[260] Die Erbschaftsteuer ist die Steuer eines Vermögens, hier die Schiffsbeteiligung, aufgrund eines eingetretenen Todes des Erblassers. Die Schenkungssteuer kommt zum Tragen, wenn ein Vermögen durch Schenkung unter Lebenden weitergereicht wird. Beide Steuerarten des Steuerrechts sind im gleichen Gesetz verankert.[261] Weitere Vorschriften für die Bewertung des Vermögens befinden sich im BewG.

Das nächste Kapitel zeigt auf, wie bedeutend und interessant der Gegenstand der Vermögensübertragung bzw. Nachfolgeplanung ist. Besonders durch das Ausnutzen von Freibeträgen und die sachgemäße Zusammensetzung des Vermögens lässt sich die Steuer umgehen oder mindern. Bei mehr als der Hälfte von Vermögensübergängen werden meist unnötig Steuern gezahlt, weil die Erwerber aufgrund mangelnder Kenntnis, sich damit nicht oder zu spät befassen.

Eine Schiffsbeteiligung können die nächsten Nachkommen halten, ohne dass immense Kosten auf sie zu kommen. Der nächste positive Effekt ist, dass die Beteiligungen sehr gute Renditen versprechen.[262]

---

[257] Vgl. Verkaufsprospekt I.C.M. Dachfonds mit Zweitmarktbeteiligung, vom 20.10.2005, S. 69
[258] Vgl. Zimmermann/Hottmann/Hübner/u.a., Die Personengesellschaft im Steuerrecht, 1998, S. 585
[259] Vgl. Schiffsbeteiligung MS JRS Capella, Schöning Bereederungs mbH & Co. KG, Stand Dez. 2003; S. 27
[260] Vgl. Hansa Treuhand Hamburg, Erbschaft- und Schenkungssteuerliche Aspekte, 2005, S. 4
[261] Vgl. Anhang I, Nr. 37
[262] Vgl. Hansa Treuhand Hamburg, Erbschaft- und Schenkungssteuerliche Aspekte, 2005, S. 3

In den nachfolgenden Punkten wird von der aktuellen Rechtslage ausgegangen und die Verwendung des Erbschaft- und Schenkungssteuergesetzes vorgeführt. Als nächstes werden die neuesten und zukünftigen Verwaltungsauffassungen besprochen.

6.1.7.2 Behandlung nach aktueller Rechtslage

Die persönliche und sachliche Steuerpflicht ist in den §§ 1 - 9 ErbStG geregelt. Demnach hängt die unbeschränkte Erbschaft- und Schenkungssteuerpflicht davon ab, ob die Steuerpflichtigen, Erblasser, Schenker oder Erwerber, als Inländer nach § 2 Abs. 1 Nr. 1 ErbStG gelten.[263]

Für die Anwendung der Erbschaft- und Schenkungssteuer muss die sachliche Steuerpflicht neben der persönlichen Steuerpflicht ebenso erfüllt sein, wie z.B. § 3 ErbStG der Erwerb durch Erbanfall, auf Grund eines geltend gemachten Pflichtanteils, etc. oder § 7 ErbStG die Schenkungen unter Lebenden.

Die nächsten §§ 10 – 13a ErbStG legen die Wertermittlung und die Berechnung des steuerpflichtigen Erwerbs fest, soweit keine Steuerbefreiung nach den §§ 5, 13, 13a, 16, 17 ErbStG eintritt.

Nach aktueller Sachlage ist für die festzusetzende Erbschaft- oder Schenkungssteuer des Vermögens (Beteiligung am Schiffsfonds auf dem Zweitmarkt), das vererbt oder verschenkt wird, maßgebend der Wert nach §12 Abs. 5 ErbStG i.V.m. §§ 95 ff., 103, 109 BewG.[264] Ausschlaggebend für diese Bewertung ist, dass die Beteiligung am Schiffsfonds nach § 15 Abs. 1 Nr. 2 EStG eine mittelbare oder unmittelbare Mitunternehmerschaft darstellt und somit zu den Einkünften aus Gewerbebetrieb zählt. Demnach ist der erbschaftsteuerliche Wert das Betriebsvermögen, der Buchwert des Schiffes, das um die Summe der Schulden gekürzt wird, gem. § 98a BewG.[265]

Für das Vererben oder Verschenken der Schiffsbeteiligung hat der Gesetzgeber speziell für dieses Betriebsvermögen den § 13a ErbStG geschaffen. Enthalten in dieser Regelung sind die Vergünstigungen für die Übertragung des Betriebsvermögens und deren Voraussetzungen für die Inanspruchnahme. Hier wird gem. § 13a Abs. 1 ErbStG ein Freibetrag in Höhe von 225.000 € bzw. bei mehreren Erwerbern ein entsprechender Teilbetrag von 225.000 €

---

[263] Vgl. Anhang I, Nr. 38 Abs. 1
[264] Vgl. HTB Zweitmarkt,Geschlossene Zweitmarktfonds im Immobilien- und Schiffsbereich, S.18 f.
[265] Vgl. Anhang I, Nr. 38 Abs. 2

gewährt. Nach der Anwendung des Abs. 1 wird der reduzierte Betrag für die Besteuerung mit 65% angesetzt, gem. § 13a Abs. 2 ErbStG.[266]

Der dritte Teil besteht aus den §§ 14 – 19a ErbStG und regelt die Berechnung der Steuer. Hierzu werden frühere Erwerbe, die Steuerklassen, der persönliche Freibetrag und die Steuersätze berücksichtigt, die von der Höhe des steuerpflichtigen Erwerbs abhängen. Neben den Steuervergünstigungen nach § 13a ErbStG werden zusätzlich persönliche Freibeträge je nach Verwandtschaftsgrad in Höhe von 5.200 € bis 307.000 €, gem. § 16 ErbStG gewährt. Darüber hinaus erhalten Ehegatten oder Kinder durch Erwerb des Todes wegen einen Versorgungsfreibetrag. Dieser kann je nach Alter des Kindes zwischen 10.300 € und 52.000 € und bei den überlebenden Ehegatten in Höhe von 256.000 € ausfallen, s. § 17 ErbStG.[267] Die Steuersätze nach § 19 ErbStG, Mindeststeuersatz 7 % bis zum maximalen Steuersatz 50 %, richten sich nach den Steuerklassen und dem erbschaftsteuerlichen Wert des Vermögens.[268]

Ein weiterer wichtiger Schritt für den Erwerber ist, dass innerhalb von drei Monaten nach Kenntnisnahme des Erwerbes durch Todes wegen oder durch Schenkung (hier ist auch anzeigepflichtig der Schenker) eine formlose Anzeige an das zuständige Finanzamt vorgenommen wird, gem. § 30 ErbStG. Grund für diese Pflicht ist, dass Sachverhalte, die gegebenenfalls keine Steuerpflicht durch die Freibeträge auslösen, mit in der Zusammenrechnung von weiteren Erwerben zukünftig berücksichtigt werden.[269]

In den nun folgenden Beispielen wird die Systematik der steuerlichen Vergünstigungen des Erbschaft- und Schenkungsteuergesetz verdeutlicht.
Unter a) ist ein Beispiel zur Übertragung einer Schiffsbeteiligung mit Anwendung der Vergünstigungen nach § 13a ErbStG und des persönlichen Freibetrages dargestellt. Im weiteren Beispiel b) ist kein Verwandter der Begünstigte, sondern eine fremde Person, die zum Erblasser oder Schenker in keinem Verwandtschaftsverhältnis stehen. Dieser Sachverhalt wird in § 19a ErbStG geregelt.

[266] Vgl. Verkaufsprospekt Twinfonds IV, 15. Oltmann Gruppe, Tonnagesteuer Renditefonde, S. 42
[267] Vgl. Verkaufsprospekt König & Cie., Renditefonds 50, MT King David, S. 87
[268] Vgl. Verkaufsprospekt MS Santa Laetitia und MS Santa Liana, Münchmeyer Petersen Capital, S. 125
[269] Vgl. Hansa Treuhand Hamburg, Erbschaft- und Schenkungssteuerliche Aspekte, 2005, S. 5 ff.

a)   Verwendung der Vergünstigungen nach § 13a ErbStG und persönlicher Freibetrag, wenn die Erwerber zur Verwandtschaft gehören.

Sachverhalt: Ein Steuerpflichtiger schenkt / vererbt seinem Kind eine Schiffsbeteiligung mit einem Wert von 1.000.000 €:
Der Wert besteht aus einer Beteiligung an einem Schiff in Höhe von 1 Mio. €. Nun ist die Höhe des Betriebsvermögens nach §§ 95 ff. BewG zu ermitteln. Durch Abzug aller entgegenzusetzenden Schulden (pauschal: 400.000 €) beträgt der steuerliche Wert der Beteiligung 600.000 €. Davon ist der Freibetrag von 225.000 € gem. § 13a Abs. 1 ErbStG abzuziehen. Vom Restbetrag (375.000 €) wird ein Abschlag von 35% gem. § 13a Abs. 2 ErbStG vorgenommen. Daraus errechnet sich ein steuerpflichtiger Erwerb von 243.750 €. Mit Berücksichtigung des persönlichen Freibetrages von 205.000 € gem. § 16 Abs. 1 Nr. 2 ErbStG, ergibt sich nun ein endgültiger steuerpflichtiger Erwerb von 38.750 €. Die daraus resultierende Steuerlast aus § 19 Abs. 1 ErbStG, 7 %, beträgt 2.712.50 €. [270]

Hinweise:
- Der Freibetrag nach § 13a Abs. 1 Nr. 2 ErbStG kann im Falle einer Schenkung innerhalb von zehn Jahren nach dem Erwerb von derselben Person nicht noch einmal in Anspruch genommen werden. Um eine vollständige Ausnutzung mitzunehmen, ist es möglich, dass mehrere inländische Betriebsvermögen in einem einheitlichen Verlauf übertragen werden. [271]

- Der Freibetrag und der verminderte Wertansatz fallen rückwirkend weg, wenn das Kind die Beteiligung innerhalb von 5 Jahren veräußert oder die Gesellschaft in der Zeit aufgelöst wird, z.B. durch Schiffsverkauf, gem. § 13a Abs. 5 Nr. 1 ErbStG. [272]

b)   Vergünstigungen im Zusammenhang mit Betriebsvermögen nach § 19a ErbStG, wenn die Erwerber des Betriebsvermögens durch Erbschaft oder Schenkung nicht direkt mit dem Erblasser / Schenkenden verwandt sind.

Sachverhalt: Ein Steuerpflichtiger schenkt / vererbt einem nicht in grader Linie Verwandten, der die Steuerklasse III hält, eine Schiffsbeteiligung mit einem Wert von 1.000.000 €.

---

[270] Anhang I, Nr. 38 Abs. 3
[271] Hansa Treuhand Hamburg, Erbschaft- und Schenkungssteuerliche Aspekte, 2005, S. 7
[272] Verkaufsprospekt König & Cie., Renditefonds 50, MT King David, S. 87

Besteht der Wert aus einer Beteiligung an einem Schiff, so ist der Wert des Betriebsvermögens genau wie im Beispiel a) zu ermitteln, mit der Folge, dass der steuerpflichtige Erwerb auch hier 243.750 € beträgt. Mit Berücksichtigung des persönlichen Freibetrages gem. § 16 Abs. 1 Nr. 5 ErbStG von 5.200 €, ergibt sich nun ein endgültiger steuerpflichtiger Erwerb von 238.550 €. Jetzt wird der Entlastungsbetrag nach § 19a Abs. 4 ErbStG wie folgt ermittelt:

- Zunächst wird die Steuer nach der tatsächlichen Steuerklasse des Erwerbers (Steuerklasse III) berechnet, hieraus ergibt sich, durch den Steuersatz 23 %, nach § 19 Abs. 1 ErbStG eine Steuerlast von 54.866, 50 €

- Nun ist die Steuer nach der Steuerklasse I zu berechnen, die nach § 19 Abs. 1 ErbStG, mit einen Steuersatz von 11%, 26.240,50 € beträgt

- Anschließend, um den Entlastungsbetrag zu ermitteln, wird vom Unterschiedsbetrag der Steuerlasten 12 % abgezogen:

54.866,50 € ./. 26.240,50 € = 28.626 € x 88 % = 25.190,88 €

Die Steuerlast, nach Kürzung des Entlastungsbetrages auf 88%, beträgt 29.675,62 € = 54.866,50 €./. 25.190,88 €.[273]

Hinweise:

- Die 10-Jahresfrist vom Schenker muss eingehalten werden, um den Freibetrag in Höhe von 225.000 € noch einmal in Anspruch nehmen zu können.[274]

- Auch hier ist eine Haltefrist von 5 Jahren gem. § 19a Abs. 5 ErbStG zwingende Voraussetzung, d.h. die Beteiligung am Betriebsvermögen muss 5 Jahre im Besitz der Beschenkten / Erben bleiben![275]

Nach einem vom Finanzministerium Baden-Württembergs am 27.Juni 2005 mit den obersten Behörden des Bundes und der Länder abgestimmten Erlasses, ist ab den 01. Juli 2005 durch Zwischenschaltung eines Treuhänders das Erbgut nicht mehr unter den Vergünstigungen eines Betriebsvermögens (§§ 13a und 19a ErbStG) zu versteuern.[276] Der Gegenstand der Zuwendung ist nicht mehr das Treugut, sondern ist jetzt die Forderung an den Treuhänder auf Herausgabepflicht.[277] Daraus folgt, dass die mittelbare Beteiligung an einem Schiffsfonds mit

[273] Vgl. Anhang I, Nr. 38 Abs. 4
[274] Vgl. Hansa Treuhand Hamburg, Erbschaft- und Schenkungssteuerliche Aspekte, 2005, S. 7
[275] Vgl. Anhang I, Nr. 38 Abs. 4
[276] Vgl. Verkaufsprospekt König & Cie., Renditefonds 50, MT King David, S. 87
[277] Vgl. Zehentmeier/Hermes, Handlungsbedarf bei Übertragung der Treugeberstellung, NWB Nr. 13 vom 27.03.2006, Fach 10 S. 1525 f.

dem gemeinen Wert, sprich der allgemeine Verkehrswert, anzusetzen ist. [278] Um diese neue Auffassung vom Gesetzgeber zu umgehen, empfiehlt sich, dass der mittelbare Anleger rechtzeitig die gehaltene Beteiligung als eine Unmittelbare ins Handelsregister eintragen lässt.[279]

6.1.7.3 Mögliche geplante Rechtsänderungen

Es muss in der Zukunft für das Erbschaft- und Schenkungssteuerrecht mit Änderungen gerechnet werden, die wiederum Auswirkungen auf eine Übertragung von Beteiligungen an einem Schiffsfonds durch Erbfall oder Schenkung haben.[280]

Die Bundesregierung hat mit Beschluss vom 25.Oktober 2006 einen Entwurf des Gesetzes zur Erleichterung der Unternehmensnachfolge mit Wirkung ab 01. Januar 2007 beschlossen.[281] Aber aufgrund des Urteils des Bundesverfassungsgerichtes (BVerfG) vom 31. Januar 2007, dass erklärt, dass die aktuelle Erbschaftsbesteuerung mit den Anforderungen des Grundrechtes „Gleichheit" nicht im Einklang miteinander stehen, ist eine Aufschiebung des Gesetzes zur Erleichterung der Unternehmensnachfolge geplant.[282] Das Gericht verurteilt die ungleiche Bewertung unterschiedlicher Vermögensgegenstände, z.B. der Steuerbilanzwert des Betriebsvermögens ist nicht sachgerecht, da die Steuerpolitik sich erheblich auf die Wertermittlung auswirken kann.[283] Daher sollen sich die Bewertungen aller Vermögensgegenstände einheitlich am gemeinen Wert berufen.[284]

Das Urteil vom 31. Januar 2007 steht mit dem Gesetzesvorschlag vom 25. Oktober 2006 nicht im Konflikt und bedarf vorerst keiner Abwandlung. Jedoch sieht die neue Regelung des Erbschaftsteuergesetzes eine fortführende Wertermittlung des Buchwertes des Betriebsvermögens vor.[285] Das BVerfG fordert aber, dass alle Vermögensarten, also auch bspw. Grund- und Betriebsvermögen, mit dem Verkehrswert angesetzt werden.[286] Und bis dahin können alle Übertragungsvorgänge, die nach dem 31.12.2006 entstanden sind, bis zum 31.12.2008, jedoch nur bis zum Zeitpunkt einer möglichen früheren Gesetzesänderung, nach den derzeitigen Regelungen des Bewertungsgesetzes behandelt werden.

---

[278] Vgl. HTB Zweitmarkt, Geschlossene Zweitmarktfonds im Immobilien- und Schiffsbereich, S.19
[279] Vgl. Hansa Treuhand Hamburg, Erbschaft- und Schenkungssteuerliche Aspekte, 2005, S. 3
[280] Vgl. HTB Zweitmarkt, Geschlossene Zweitmarktfonds im Immobilien- und Schiffsbereich, S. 13
[281] Vgl. Verkaufsprospekt Twinfonds IV, 15. Oltmann Gruppe, Tonnagesteuer Renditefonde, S. 37
[282] Vgl. Anhang I, Nr. 39
[283] Vgl. Verkaufsprospekt Twinfonds IV, 15. Oltmann Gruppe, Tonnagesteuer Renditefonde, S. 36
[284] Vgl. Verkaufsprospekt MS Santa Laetitia und MS Santa Liana, Münchmeyer Petersen Capital, S. 124
[285] Vgl. Verkaufsprospekt Twinfonds IV, 15. Oltmann Gruppe, Tonnagesteuer Renditefonde, S. 36
[286] Vgl. Anhang I, Nr. 40

Im neuen ErbStG war geplant, dass Abschmelzungsmodell einzuführen. Das Abschmelzungs-modell sieht vor,

- die §§ 13a und 19a ErbStG, Begünstigungen für Betriebsvermögen, abzuschaffen und gleichzeitig ein Abschmelzungsmodell einzuführen. Dessen Bestandteil ist eine Stundungs- und Erlöschensregelung für das übertragene produktive EU-inländisches Vermögen, hierzu zählen u.a. Geldbestände, Bankguthaben und Wertpapiere, über einen Zeitraum von 10 Jahren ab dem Besteuerungszeitpunkt anzuwenden.[287]

- dass für kleine Betriebsvermögen eine Freigrenze (kein Freibetrag) vorgesehen ist, d.h. dass das Vermögen bis 100.000 € erbschaftsteuerfrei bleibt.

- dass die Erbschaftsteuer am Ende eines jeden Jahres, das ab den Bewertungszeitpunkt folgt, um 10 % erlischt.

- wenn der Betrieb nach wirtschaftlichen Verhältnissen in vergleichbarem Umfang nicht mehr fortgeführt wird, wird zum Zeitpunkt der Beendigung die noch nicht erloschene Steuer sofort fällig.[288] Allgemeine Kriterien, die im vergleichbaren Umfang bestehen sollten, sind Umsatz, Auftragsvolumen, Betriebsvermögen und Anzahl der Arbeitnehmer. Diese sind aber nicht näher wertmäßig bestimmt.

Das unproduktive oder das nicht in die EU gehörende Vermögen soll dagegen nicht unter die Stundungsregelung fallen. Es wird ganz normal besteuert. Problem hier aber, ist das produktive und unproduktive Vermögen sinnvoll voneinander abzugrenzen.[289] Deshalb ist es nicht möglich, genaueres über die Änderung des Erbschaftsteuergesetzes zu sagen. Wahrscheinlich ist aber, dass das Abschmelzungsmodell nicht in Kraft treten wird. Stattdessen soll der Steuerpflichtige Rechtsanspruch auf eine zinslose Stundung für die Steuer erhalten, die auf das Betriebsvermögen-Erbe entfällt und die Steuersätze für das Betriebsvermögen-Erbe sollen deutlich gesenkt werden.[290] Hier heißt es, bis Herbst dieses Jahres, bis zur Vorlage eines neuen Entwurfes, abzuwarten.

6.1.8 Gewerbesteuer

Gewerbesteuerpflichtig ist der, der nach § 2 GewStG ein Gewerbebetrieb i.S.d. Einkommen-steuergesetzes führt. Demzufolge ist die Beteiligungsgesellschaft, an welcher die Fondsgesellschaft Anteile erworben hat, als gewerblich tätige Gesellschaft mit ihren Erträgen

---

[287] Vgl. HTB Zweitmarkt, Geschlossene Zweitmarktfonds im Immobilien- und Schiffsbereich, S. 13
[288] Vgl. Entwurf eines Gesetzes zur Erleichterung einer Unternehmensnachfolge vom 25.10.2006,
[289] Vgl. Anhang I, Nr. 41
[290] Vgl. Anhang I, Nr. 40

der GewSt unterworfen.[291] Die Pflicht zur GewSt beginnt mit der Infahrtsetzung des Schiffes.[292]

Bei Beteiligungen, die zur Tonnagegewinnermittlung optiert haben, ist die Bemessungsgrundlage auf Ebene der Beteiligungsgesellschaften der pauschalierte Gewinn nach § 5a EStG zuzüglich der Sonderbetriebseinnahmen nach Abzug der zusammenhängenden Sonderbetriebsausgaben der einzelnen Gesellschafter.[293] Die §§ 8 (Hinzurechnungen) und 9 (Kürzungen) GewStG finden ab dem Zeitpunkt der Tonnagegewinnermittlung keine Anwendung.[294] Wird das Schiff veräußert, so unterliegt dieser Erlös durch die Anwendung des § 5a EStG nicht der GewSt. Jedoch muss der vorhandene Unterschiedsbetrag, der durch Verkauf des Schiffes oder durch Wechsel zur herkömmlichen Gewinnermittlung aufgelöst wird, versteuert werden. Dies wurde im BMF-Schreiben 12.06.2002 betont, denn vor dieser Verwaltungsauffassung unterlag der Unterschiedsbetrag nicht der GewSt.[295] Hier gilt nach § 9 Nr. 3 GewStG die 80%-ige Gewerbesteuerfreiheit.[296]

Der nach § 5a EStG ermittelte Gewerbeertrag ist gem. § 10a GewStG mit Verlusten aus den Vorjahren verrechenbar.[297]

Eine Steuerermäßigung nach § 35 EStG, wonach eine 1,8-fache Anrechnung des Gewerbesteuer-Messbetrages auf die ESt für die Schiffsbeteiligung mit der Tonnagegewinnermittlung möglich ist, findet seit dem Jahr 2001 im Falle der Option zur Tonnagesteuer gem. § 5a Abs. 5 Satz 2 EStG keine Anwendung.[298]

Unterliegen die Erträge der normalen Gewinnermittlung, so ist der Ausgangspunkt für die Ermittlung des Gewerbeertrags der einheitlich festgestellte Gewinn der Obergesellschaft oder der Untergesellschaft.[299] Beim ausschließlichen Einsatz des Schiffes im internationalen Verkehr ist nach § 9 Nr. 3 GewStG der Gewerbeertrag in Höhe von 80 % gewerbesteuerbefreit, da hier der hohe Anteil der ausländischen Erträge berücksichtigt wird.[300] An dieser Stelle kann wiederum das 1,8-fache des Gewerbesteuer-Messbetrages nach § 35 EStG

[291] Vgl. Beteiligungsangebot MS Java, Doric Asset Finance und Verwaltungs GmbH, Stand 6.10.2006, S. 69
[292] Vgl. Verkaufsprospekt MS Pieces, Second-Hand Tonnage, Stand Dezember 2001; S.25
[293] Vgl. HTB Siebte Hanseatische Schiffsfonds GmbH & Co. KG, Verkaufsprospekt zum Zweitmarkt, S. 27
[294] Vgl. Beteiligungsangebot MS Java, Doric Asset Finance und Verwaltungs GmbH, Stand 6.10.2006, S. 69
[295] Vgl. Beteiligungsangebot MS Elbsailor, Elbe Emissionshaus GmbH & Co. KG, Stand 27.06.2006, S. 65
[296] Vgl. HTB Siebte Hanseatische Schiffsfonds GmbH & Co. KG, Verkaufsprospekt zum Zweitmarkt, S. 27
[297] Vgl. Littmann, Das Einkommensteuerrecht : Kommentar zum Einkommensteuergesetz, 2005, Weiland §5a, S. 870/55 RZ 288
[298] Vgl. Beteiligungsangebot MS Java, Doric Asset Finance und Verwaltungs GmbH, Stand 6.10.2006, S. 69
[299] Vgl. Anhang I, Nr. 42
[300] Vgl. HTB Siebte Hanseatische Schiffsfonds GmbH & Co. KG, Verkaufsprospekt zum Zweitmarkt, S. 27

indirekt die ESt mindern.[301] Im Folgebeispiel ist veranschaulicht, wie die GewSt nach § 35 EStG angerechnet wird:

An der Schiff GmbH & Co. KG, die den Einsatz ausschließlich im internationalen Verkehr betreibt, ist der Kommanditist A mit 0,5 % beteiligt. Der Gewinn der Gesellschaft beträgt in 2005 8.000.000 €. Der Hebesatz sei 400 %.[302]

Gewinn der Gesamthandsbilanz	8.000.000 €
./. § 9 Nr. 3 GewStG 80 % steuerfrei	6.000.000 €
= Gewerbeertrag vor Steuern, Freibetrag	2.000.000 €
./. Freibetrag § 11 Abs. 1 Nr. 1 GewStG	24.500 €
= Gewerbeertrag	1.975.500 €
=./. (5% x 400 %) : (1+(5% x 400%) = 16,6% GewSt	329.250 €
= Gewinn nach Steuern	1.646.250 €
x 0,5 % Anteil von A Einkünfte aus Gewerbebetrieb § 15 EStG	8.231 €
+ Einkünfte aus nicht selbständiger Arbeit § 19 EStG	30.000 €
= Zu versteuerndes Einkommen (§ 2 Abs. 5 EStG)	38.231 €
tarifl. ESt (§ 32a Abs. 1 Nr. 3 EStG)	8.585 €

Gewinn vor Steuern		2.000.000 €
x 5 % § 11 GewStG = Steuermessbetrag	=	100.000 €
x 1,8-fache § 35 Abs. 1 Nr. 2 EStG	=	180.000 €
x 0,5 % Anteil von A an der GembH & Co. KG	=	900 €

tarifl. ESt	8.585 €
./. Gewerbesteuer-Anrechnung	900 €
= festzusetzende ESt	7.685 €

Die Ermäßigung des Mitunternehmers entfällt nur auf die gewerblichen Einkünfte und ist somit nur begrenzt anrechenbar. Daher ist der Ermäßigungsbetrag mit dem Höchstbetrag zu vergleichen.[303] Nun erfolgt die Berechnung des Höchstbetrages in Anknüpfung des vorherigen Beispiels:

---

[301] Vgl. Verkaufsprospekt König & Cie., Renditefonds 50, MT King David, S. 88
[302] Vgl. Anhang I, Nr. 43
[303] Vgl. Brandmüller/Sauer, Bonner Handbuch Personengesellschaft, Bd. 3 Fach F, RZ 1730

Gesamteinkünfte 38.231 €

- davon sind 8.231 € = 21,5 % gewerbliche Einkünfte
- 21,5 % von der tarifl. ESt = 1.845, 78 € Höchstbetrag

Die angerechneten 900 € übersteigen nicht den Höchstbetrag von 1.845,78 € und somit war es berechtigt die 900 € von der tarifl. ESt zu kürzen.

6.1.9 Zinsabschlagsteuer

Die Zinsabschlagsteuer oder auch Kapitalertragsteuer nebst Solidaritätszuschlag entstehen, wenn Zinsen oder Gewinnanteile, etc. erzielt werden. Sie ist eine Erhebungsart der ESt s. §§ 43 ff. EStG. Sie wird direkt von der Quelle, an der die Zinsen entstanden sind, als prozentualer Abschlag einbehalten, soweit kein Freistellungsauftrag, 750 € für Alleinstehende und 1.500 € für Verheiratete, existiert.[304] Für die ordnungsgemäße Einbehaltung und Abführung der Steuer an das befugte Finanzamt ist die auszuzahlende Stelle, z.B. die Bank, der Zinsen und Erträge zuständig.[305]

Die Zinsabschlagsteuer kommt zum Tragen, wenn die Gesellschaft der Schiffsbeteiligung Zinserträge erzielt, wie z.B. Zinserträge aus Liquiditätsüberschüssen, die kurzfristig als Festgeld angelegt wurden. Diese Einnahmen gehören nach der Subsidiaritätsklausel § 20 Abs. 3 EStG zu den Einkünften aus Gewerbebetrieb.

Über das Verfahren der gesonderten und einheitlichen Feststellung wird die Kapital-ertragsteuer auf die Gesellschafter nach ihrem jeweiligen Anteil aufgeteilt. Nun kann die Zinsabschlagsteuer bei der persönlichen Einkommensteuerberechnung als Steuerlast abgezogen werden, da die bereits gezahlte Zinsabschlagsteuer als Vorauszahlung auf die persönliche Einkommensteuerschuld gilt.[306] Der aktuelle Tarif der Zinsabschlagsteuer liegt bei 30 % für Zinsen aus Kapitalanlagen und der Solidaritätszuschlag ist mit 5,5 % behaftet.

Aber auch hier ist für die Zukunft eine Änderung des Gesetzes geplant. Alle Kapitaleinkünfte, die ins Privatvermögen fließen, werden ab den 01.01.2009 mit einer 25-%igen Abgeltungssteuer belegt. Hinzu kommen noch der Solidaritätszuschlag und eventuell die Kirchensteuer, so dass eine Belastung in Höhe von ca. 27,8% entsteht. Die auszahlenden Stelle ist für den Einbehalt und die Abführung der Abgeltungssteuer, also den inländischen Bankinstituten, zuzuordnen. Alle darauf anfallenden Werbungskosten sind nun vom Abzug ausgeschlossen. Es kann lediglich der Sparerfreibetrag und die Werbungskostenpauschale

---

[304] Vgl. Anhang I, Nr. 44
[305] Vgl. Anhang I, Nr. 45
[306] Vgl. Verkaufsprospekt Twinfonds IV, 15. Oltmann Gruppe, Tonnagesteuer Renditefonde, S. 42

abgezogen werden.[307] Durch die neue Abgeltungssteuer sind die Kapitalerträge im Inland nun von jeglicher ESt mit dem Steuerabzug (auf den Bruttobetrag) abgegolten.[308]

6.1.10 Beteiligung ausländischer Anleger an einem Zweitmarktfonds

Eine Doppelbesteuerung liegt vor, wenn mehrere Staaten vergleichbare Steuern für denselben Steuerpflichtigen, für denselben Steuergegenstand und denselben Besteuerungszeitraum erheben.[309]

Bei einer Beteiligung ausländischer Anleger wird zwischen zwei Fällen unterschieden. Zum einen gibt es den Ausländer mit ausländischem Wohnsitz und zum anderen kann ein Deutscher seinen Wohnsitz im Ausland haben.

Hier kommt das geltende Doppelbesteuerungsabkommen (DBA) zwischen Deutschland und dem Staat, in dem der Anleger seinen Wohnsitz hat, zum Einsatz. In diesem Abkommen wird die Zurechnung der Einkünfte, sprich welcher Staat darf besteuern, als auch die Art der Ermittlung der Einkünfte geklärt.

Durch die gewerblichen Einkünfte, die der Anleger durch seine Beteiligung an einem Schiffsfonds erzielt, werden diese in aller Regel durch das DBA in Deutschland besteuert. In Art. 8 des OECD-MA (DBA 2003) heißt es, dass die Gewinne aus dem Betrieb von Seeschiffen im internationalen Verkehr nur in dem Vertragsstaat besteuert werden, in dem sich der Ort der tatsächlichen Geschäftsleitung des Unternehmens befindet. Alle weiteren steuerlichen Folgen im Wohnsitzstaat des Anlegers hängen von den Bewertungsvorschriften der nationalen Steuergesetze im Wohnsitzstaat ab.[310] Je nach dem, ob der Auslandsstaat die Freistellungs- oder Anrechnungsmethode anwendet, sind durch die Tonnagebesteuerung die Gewinne nur mit einer minimalen Belastung für den ausländischen Anleger behaftet. Der restliche Gewinn stellt keine steuerlichen Einkünfte dar, so dass dieser für das DBA unrelevant ist.[311]

---

[307] Vgl. Anhang I, Nr. 46
[308] Vgl. Anhang I, Nr. 47
[309] Vgl. Wicke, Personengesellschaften im Recht der deutschen DBA, 2003; S. 58
[310] Vgl. HTB Zweitmarkt, Geschlossene Zweitmarktfonds im Immobilien- und Schiffsbereich, S. 20
[311] Vgl. Anhang I, Nr. 48

6.2 Besteuerung auf Grund der Sachlage einer Veräußerung des Schiffes oder der Beteiligung

6.2.1 Allgemeines

Die Veräußerung des Schiffes an Dritte wird als Betriebsveräußerung bezeichnet. Übernimmt das Wirtschaftsgut aber ein Gesellschafter, so ist dies als eine Betriebsaufgabe anzusehen. Hiervon ist aber nicht auszugehen.

In der Sachlage einer Veräußerung an Dritte sind mehrere Grundfälle zu unterscheiden, wie:

- ein Gesellschafter veräußert seinen mittelbaren (gehaltene Anteile über einen Treuhänder) oder unmittelbaren Anteil der Untergesellschaft (Schifffahrtsgesellschaft),
- ein Gesellschafter veräußert seinen mittelbaren (gehaltene Anteile über einen Treuhänder) oder unmittelbaren Anteil der Obergesellschaft (Fondsgesellschaft),
- ein Gesellschafter der Obergesellschaft veräußert seine mittelbaren Anteile an der Untergesellschaft.

Jeder Vorgang ist als eine Veräußerung der Mitunternehmeranteile des § 16 Abs. 1 Nr. 2 EStG anzusehen.[312] Hier spielt es keine Rolle, ob die Anteile unmittelbar oder mittelbar über einen Treuhänder oder einer Fondsgesellschaft gehalten werden.

Grundsätzlich gilt der Gewinn aus einer Veräußerung des Betriebes oder des Mitunternehmeranteils als Gewerbeeinkünfte nach § 16 Abs. 1 Nr. 1 und Nr. 2 EStG.[313] Sind der Veräußerer und der Erwerber jedoch dieselben Personen, so gehört der Gewinn zum laufenden Gewinn, gem. § 16 Abs. 2 Satz 3 EStG.

Es muss zum Zeitpunkt der Veräußerung eine einheitliche Gewinnfeststellung der Gesellschaft vorgenommen werden. Sie beinhaltet, getrennt voneinander, die laufenden Gewinne und die Veräußerungsgewinne der ausgeschiedenen Gesellschafter. In dieser ist auch festzustellen, ob der Veräußerungsgewinn zu den laufenden Gewinnen nach § 15 EStG oder zu den Veräußerungsgewinnen nach § 16 EStG gehört. Denn es könnte sein, dass im Veräußerungspreis ein Betrag zur Abgeltung laufender Gewinne enthalten ist, der mit einem normalen Steuersatz besteuert werden muss.[314]

---

[312] Vgl. Zimmermann/Hottmann/Hübner/u.a., Die Personengesellschaft im Steuerrecht, 1998, S. 729
[313] Vgl. Niehus/Wilke, Die Besteuerung der Personengesellschaften, 2005, S. 249
[314] Vgl. Brönner, Die Besteuerung der Gesellschaften, 2007, S. 480 RZ 1415, 490 RZ 1454

6.2.2 Auswirkungen unter der Tonnagegewinnermittlung beim Anleger

Bei Veräußerung eines Schiffes der Schifffahrtsgesellschaft oder einer Beteiligung an der Schifffahrtsgesellschaft, die bereits zur Tonnagegewinnermittlung optiert hat, muss nun der eventuell gebildeten Unterschiedsbetrag auflöst werden. Dieser ist von den Anlegern zu versteuern. Im folgenden Beispiel wird die Ermittlung stiller Reserven dargestellt:

Teilwert des Schiffes (§ 10 BewG)	14.000.000 €
./. Buchwert des Schiffes	6.000.000 €
= Unterschiedsbetrag des Schiffes	8.000.000 €
Fremdwährungsdarlehen Kurswert zum	
Zeitpunkt des Überganges	4.000.000 €
./. Buchwert der Darlehensverbindlichkeit	5.000.000 €
= Unterschiedsbetrag Darlehen	1.000.000 €
Gesamtunterschiedsbetrag	9.000.000 €

Der Unterschiedsbetrag wird jedem Gesellschafter anteilig zugeschrieben.[315] Im Fall Pkt. 6.1.3.1. beträgt die Beteiligung 0,5 % des Veräußerers, der nun seine Anteile verkauft. Es ergibt sich somit ein Anteil am Unterschiedsbetrag in Höhe von 45.000 €. Dieser Unterschiedsbetrag wird aufgelöst. Nach § 5a Abs. 5 S. 1 EStG sind die Einkünfte aus der Veräußerung eines Betriebes (§ 16 EStG) zu den Gewinnen aus § 5a Abs. 1 EStG hinzuzurechnen.

Gewinn aus der Tonnagegewinnermittlung nach § 5a Abs. 1 EStG	172,10 €
+ Einkünfte aus Gewerbebetrieb § 16 Abs. 1 Nr. 2 EStG	45.000,00 €
= steuerpfl. Einkommen	45.172,10 €

Die Besteuerung der Einkünfte erfolgt nach persönlichen Besteuerungsmerkmalen, nach dem normalen Einkommensteuertarif. Der Freibetrag nach § 16 Abs. 4 EStG und der ermäßigte Steuersatz nach § 34 EStG kann sowohl beim Verkauf des Schiffes als auch beim Verkauf der Beteiligung, wenn der Unterschiedsbetrag aufgelöst wird, nicht eingesetzt werden.[316]

---

[315] Vgl. Verkaufsprospekt zum Zweitmarktfonds, HTB Fünfte Hanseatischer Schiffsfonds, S. 15
[316] Vgl. HTB Zweitmarkt, Geschlossene Zweitmarktfonds im Immobilien- und Schiffsbereich, S. 185

Ist von Beginn der Betriebstätigkeit an die Tonnagebesteuerung gewählt worden, so ist somit der bilanzielle Veräußerungsgewinn steuerlich abgegolten.[317]

Beim Erlangen eines Schiffsfonds auf dem Zweitmarkt, vor Verkauf des Schiffes, ist der Unterschiedsbetrag vom neuen Anleger nicht mehr zu versteuern, da im Zuge der Veräußerung der Beteiligung des Ersteigentümers der Unterschiedsbetrag bereits versteuert worden ist. Eine andere Besteuerung kommt nicht mehr in Frage, so dass der Erlös aus der Schiffsveräußerung für Anleger auf dem Zweitmarkt einkommensteuerfrei ist.[318]

6.2.3 Auswirkungen unter der herkömmlichen Gewinnermittlung

6.2.3.1 Auswirkung beim Erwerber

Beim Verkauf von Beteiligungen sind zwei Aspekte zu berücksichtigen, zum einen die Sicht des Ausscheidenden und zum anderen der Blickwinkel des Käufers bzw. eines Dritten, der bisher nicht an der Personengesellschaft beteiligt war.[319] Die Verfahrensweise des Erwerbers wird nun in diesem Punkt erläutert.

Erwirbt der neue Gesellschafter die Anteile zum Buchwert, so ist der Veräußerungspreis für den Verkäufer gleichzeitig der Anschaffungspreis des Käufers. Die Gesellschaft selber führt in diesem Falle die Buchwerte unverändert fort.[320]

Die Auswirkungen für den Käufer, je nach dem, ob er die Anteile unter (unentgeltlich) oder über (entgeltlich) dem Buchwert erwirbt, spiegelt sich in der Ergänzungsbilanz unterschiedlich wider. Entweder es entsteht ein Mehrbetrag oder ein Minderbetrag, diese sind die Differenzen zwischen dem Anschaffungspreis und den Buchwerten.

In den nachfolgenden Beispielen sind die Konsequenzen in beiden Fällen aufgeführt:[321]

a)   Erwerb über den Buchwert

Der Anleger A verkauft seinen Anteil an der Schiffsbeteiligung mit einem Buchwert von 100.000 € für 150.000 € an Neuanleger B. In Höhe von 50.000 € liegen zusätzliche Anschaffungskosten vor. Nunmehr hat B eine Ergänzungsbilanz aufzustellen, in der das Wirtschaftsgut aktiviert wird, auf die der Mehrbetrag von 50.000 € entfällt.

---

[317] Vgl. Verkaufsprospekt Twinfonds IV, 15. Oltmann Gruppe, Tonnagesteuer Renditefonde, S. 42
[318] Vgl. Verkaufsprospekt zum Zweitmarktfonds, HTB Fünfte Hanseatischer Schiffsfonds, S. 16
[319] Vgl. Brandmüller/Sauer, Bonner Handbuch Personengesellschaft, Bd. 2 Fach F, RZ 195, 197
[320] Vgl. Brönner, Die Besteuerung der Gesellschaften, 2007, S. 494 RZ 1477
[321] Vgl. Fichtelmann, Die GmbH & Co. KG im Steuerrecht, 1999, S. 108 RZ 411

Ergänzungs-Eröffnungsbilanz zum…

Schiff	50.000 €	Mehr-Kapital	50.000 €
	50.000 €		50.000 €

Die Ergänzungsbilanz ist normal fortzusetzen bis das Schiff abgeschrieben ist.

b)   Erwerb unter den Buchwert

Der Sachverhalt ist gleichlaut mit dem Beispiel a), jedoch erwirbt der Neuanleger B die Anteile für nur 80.000 €. Somit ist der Minderwert von 20.000 € gegenüber dem Buchwert in der Ergänzungsbilanz anzugeben.

Ergänzungs-Eröffnungsbilanz zum…

Minus-Kapital	20.000 €	Minderwert des Schiffes	20.000 €
	20.000 €		20.000 €

Dieses Minus-Kapital kann gegen spätere Verlustanteile oder spätestens bei gänzlicher Beendigung der Beteiligung gewinnerhöhend aufgelöst werden.[322]

6.2.3.2 Auswirkungen beim Verkäufer

Wie auch beim Erwerber sind beim Verkäufer drei verschiedene Varianten zu unterscheiden. Zum einen ist eine Veräußerung der Anteile zum Buchwert möglich. Für den Veräußerer entsteht hier kein steuerpflichtiger Veräußerungsgewinn.

Veräußert der Gesellschafter nicht aus privaten Gründen seine Anteile unter dem Buchwert, so erleidet er einen Veräußerungsverlust. Dieser kann mit den übrigen Einkünften des Gesellschafters ausgeglichen werden.[323]

Die häufigste Form ist die Veräußerung über dem Buchwert. Hier ist nach der Definition des § 16 Abs. 2 EStG der Veräußerungsgewinn der Wert, der den erzielten Preis abzüglich der Veräußerungskosten und den Buchwert des Betriebsvermögens übersteigt.[324] Der Wert des Mitunternehmeranteils wird zum Zeitpunkt einer Veräußerung nach den §§ 4 Abs. 1 und 5 EStG ermittelt.

Die Regelungen zum Veräußerungsgewinn i.S.d. § 16 Abs. 2 und die Vergünstigungen nach § 16 Abs. 4 (Freibetrag) und § 34 (Fünftelregelung und ermäßigter Steuersatz) EStG gelten

---

[322] Vgl. Zimmermann/Hottmann/Hübner/u.a., Die Personengesellschaft im Steuerrecht, 1998, S. 953
[323] Vgl. Brönner, Die Besteuerung der Gesellschaften, 2007, S. 492 RZ 1466
[324] Vgl. Fichtelmann, Die GmbH & Co. KG im Steuerrecht, 1999, S. 108, RZ 541, 542

sowohl für den Fall der Veräußerung eines Schiffes als auch für den Fall der Veräußerung einer Beteiligung.

Beim Ausscheiden aus der GmbH & Co. KG verliert der Kommanditist in jedem Fall seine Gesellschafterstellung und seine Beteiligung ist beendet.[325]

Die Anteile können nach den Vorschriften der § 16 Abs. 4 EStG (anteiliger Freibetrag), § 34 Abs. 1 EStG (Fünftelregelung) und § 34 Abs. 3 EStG (Hälfte des durchschnittlichen Steuersatzes) begünstigt sein. Der Sinn der Regelungen § 16 Abs. 4 und § 34 Abs. 3 EStG ist, dass ohne diese Vorschriften die Gewinne, die für den Anleger Teil einer privaten Altersvorsorge sind, nach den allgemeinen Grundsätzen als Einkünfte aus Gewerbebetrieb behandelt werden müssen.[326]

Die Voraussetzungen der §§ 16, 34 EStG müssen erfüllt sein und der Anleger muss sich seines ganzen Mitunternehmeranteils, kein Bruchteil, entledigen. Die Veräußerung eines Bruchteils gehört zu den laufenden Gewinneinkünften, somit wäre dann keine Anwendung der §§ 16, 34 EStG möglich.[327] Die Voraussetzungen für die Anwendung der §§ 16 Abs. 4 und 34 Abs. 3 EStG sind:

- der Steuerpflichtige muss das 55. Lj. vollendet haben oder
- dauernd berufsunfähig sein und
- er muss einen Antrag auf Anwendung des Freibetrages oder ermäßigten Steuersatz gestellt haben.

Die Vergünstigungen können nur einmal vom Steuerpflichtigen in Anspruch genommen werden.[328] Demzufolge sind sie nicht betriebsbezogen, sondern personenbezogen. Darüber hinaus kommt hinzu, dass gem. § 34 Abs. 3 EStG die a.o. Einkünfte nicht die 5 Mio. € überschreiten dürfen. Alle Veräußerungsgewinne die darüber liegen, werden entweder mit der normalen Tarifbesteuerung nach § 32a EStG besteuert oder die gesamten Veräußerungsgewinne werden nach der Fünftelregelung besteuert.[329]

In den folgenden Beispielen sind die steuerlichen Behandlungen durch die Veräußerung eines Anteils dargestellt:

[325] Vgl. Brandmüller/Sauer, Bonner Handbuch Personengesellschaft, Bd. 2 Fach F, RZ 1470
[326] Vgl. Anhang I, Nr. 49
[327] Vgl. Brons, Nationale und internationale Besteuerung der Seeschifffahrt, 1990, S 268
[328] Vgl. Anhang I, Nr. 50
[329] Vgl. Brönner, Die Besteuerung der Gesellschaften, 2007, S. 731 RZ 2327, 736 RZ 2343

a)   Anwendung § 16 Abs. 4 EStG, Freibetrag

Der Anleger A ist 57 Jahre alt und Kommanditist der Schifffahrtsgesellschaft GmbH & Co. KG. Er veräußert seinen Mitunternehmeranteil Buchwert 100.000 € zum Preis von 150.000 € an den Neuanleger B zum 31.12.2006.

Veräußerungspreis	150.000 €
./. Buchwert	100.000 €
= Veräußerungsgewinn	50.000 €
./. Freibetrag	45.000 €
= stpfl. Gewinn	5.000 €[330]

Beträgt der Veräußerungsgewinn 160.000 €, so wird der übersteigende Teil von 136.000 €, sprich 24.000 € von dem Freibetrag 45.000 € abgezogen. Hieraus ergibt sich ein steuerpflichtiger Gewinn von 139.000 €. Da der Freibetrag nur einmal vom Steuerpflichtigen in Anspruch genommen werden kann, würden hier in diesem Fall die restlichen 24.000 € verfallen.

Würde der Veräußerungsgewinn des A über 181.000 € liegen, so könnte der Freibetrag nicht mehr gewährt werden, da der Abzugsbetrag den ursprünglichen Freibetrag aufzehrt.

Der Antrag auf den Freibetrag gilt nur für einen Veräußerungsvorgang. Sind in einem Veranlagungszeitraum mehrere Veräußerungsgewinne aus unterschiedlichen Einkunftsarten erzielt worden, so können diese nicht zusammengefasst werden. Der Steuerpflichtige kann aber für die Anwendung des Freibetrages zwischen diesen Vorgängen wählen.[331]

b)   Anwendung des § 34 Abs. 1 EStG, Fünftelregelung

Der Anleger A ist 30 Jahre alt und ist Kommanditist der Schifffahrtsgesellschaft GmbH & Co. KG. Er veräußert seinen Mitunternehmeranteil Buchwert 100.000 € zum Preis von 150.000 € an den Neuanleger B zum 31.12.2006. Weiterhin hat er Einkünfte aus nicht selbstständiger Arbeit in Höhe von 25.000 € p.a. Seine abzugsfähigen Sonderausgaben schätzt er auf 10.000 €.

---

[330] Vgl. Jachmann, Basiskurs Steuerrecht, Teil 2: Einkommensteuerrecht, 2004; S. 182, RZ 640
[331] Vgl. Brönner, Die Besteuerung der Gesellschaften, 2007, S. 731 f. RZ 2325 ff.

1. Schritt:

Einkünfte aus n. selbst. Arbeit	25.000 €		
+ a.o. Einkünfte	50.000 €		
./. Sonderausgaben	10.000 €		
= Gesamteinkünfte	65.000 €	=>	lt. ESt-Tabelle 19.386 € ESt
./. a.o. Einkünfte	50.000 €		
= verbleibendes z.v.E.	15.000 €	=>	lt. ESt-Tabelle 1.542 € ESt

2. Schritt:

Verbleibendes z.v.E.	15.000 €		
+ 1/5 a.o. Einkünfte	10.000 €		
= aufgest. verb.z.v.E.	25.000 €	=>	lt. ESt-Tabelle 4.271€ ESt

3. Schritt:

ESt von verbl. z.v.E.	1.542 €
+ 5 x (4.271 € - 1.542 €)	13.645 €
= GesamtESt	15.187 €

Der daraus resultierende Steuervorteil beträgt: 4.199 € = 19.386 € ./. 15.187 €.[332]

Würden die a.o. Einkünfte des A jetzt höher sein als das zu versteuernde Einkommen (z.B. durch Sonderausgaben oder negative Einkünfte), so ist die ESt auf 1/5 des zu versteuernden Einkommens anzuwenden, gem. § 34 Abs. 1 Satz 3 EStG. In dem obigen Fall würden negative Einkünfte aus Gewerbebetrieb in Höhe von 20.000 € hinzukommen. Dann ergibt sich ein zu versteuerndes Einkommen in Höhe von 45.000 €. Die ESt auf 1/5 des zu versteuernden Einkommens (45.000 € x 1/5 = 9.000 €) beträgt 216 €. Dieser Wert wird nun mit 5 multipliziert und es entsteht daraus eine Steuerschuld von 1.135 €.

Die Fünftelregelung ist nicht wie die anderen zwei Vergünstigungen an einen Antrag gebunden und kann unbegrenzt auf die a.o. Einkünfte angewandt werden.[333]

---

[332] Vgl. Wichtige Steuerrichtlinien; NWB Verlag Herne/Berlin, 21. Auflage 2004; S. 452-453
[333] Vgl. Brönner, Die Besteuerung der Gesellschaften, 2007, S. 738 RZ 2346 ff.

c)   Anwendung des § 34 Abs. 3 EStG, ermäßigter Steuersatz

Der Anleger A ist 57 Jahre alt und Kommanditist der Schifffahrtsgesellschaft GmbH & Co.
KG. Er veräußert seinen Mitunternehmeranteil Buchwert 100.000 € zum Preis von 150.000 €
an den Neuanleger B zum 31.12.2006. Zusätzlich rechnet er mit laufenden Einkünften in
Höhe von 60.000 €. Seine abzugsfähigen Sonderausgaben schätzt er auf 10.000 €.

1. Schritt:

Laufende Einkünfte	60.000 €		
+ a.o. Einkünfte	50.000 €		
= Gesamtbetrag der Einkünfte	110.000 €		
./. Sonderausgaben	10.000 €		
= z.v.E	100.000 €	=>	lt. ESt-Tabelle 34.086 €

2. Schritt:

Durchschnittlicher Steuersatz:

34.086 € / 100.000 € x 100% = 34.1 %

34,1 % davon 56 % (§ 34 Abs. 3 Satz 2 EStG) = 19,096 % => ermäßigter Steuersatz

3. Schritt:

19,096 % x 50.000 € = 9.548 € ESt auf den Veräußerungsgewinn

4. Schritt:

z.v.E	100.000 €		
./. a.o. Einkünfte	50.000 €		
= lfd. Gewinn	50.000 €	=>	lt. ESt-Tabelle 13.096 €

5. Schritt:

ESt des Veräußerungsgewinnes	9.548 €
+ ESt auf lfd. Gewinn	13.096 €
= gesamte ESt	22.644 €

Der daraus resultierende Steuervorteil beträgt: 11.442 € = 34.086 € ./. 22.644 €.[334]

---

[334] Vgl. Beispiel aus dem Skript Rechtsform und Besteuerung; Dr. Prof. Mutscher; Folie 49

Wie auch in der Anwendung des § 16 Abs. 4 EStG, ist die Anwendung der Steuerermäßigung auf den Veräußerungsgewinn nur einmal zu gewähren, gem. § 34 Abs. 3 Satz 4 EStG. Würde A in diesen Fall ein zuversteuerndes Einkommen in Höhe von 50.000 € erzielen, so beträgt sein durchschnittlicher Steuersatz 26,2 %. Daraus ergibt sich ein ermäßigter Steuersatz von 14, 67 %. Jedoch ist mindestens ab dem Veranlagungszeitraum 2005 von einem Eingangssteuersatz von 15 % auszugehen.[335]

6.2.4 Veräußerung eines Gesellschaftsanteils oder Auflösung der Gesellschaft bei negativem Kapitalkonto eines Kommanditisten

Bei der herkömmlichen Gewinnermittlung kann ein negatives Kapitalkonto zusätzlich durch ausgleichs- und abzugsfähige Verluste entstehen.

Soweit der Kommanditist ein negatives Kapitalkonto hat, muss, im Zeitpunkt der Auflösung der Gesellschaft oder Veräußerung der Anteile, in Höhe des negativen Kapitalkontos der Gewinn versteuert werden.[336] Dieser auflösende Betrag erhöht den Veräußerungsgewinn, der wiederum mit den Vergünstigungen nach den §§ 16 und 34 EStG anwendbar ist.[337] Stand jedoch schon früher fest, dass das Konto nicht mehr auszugleichen ist, so ist dieser Zeitpunkt relevant. Diese Einkünfte sind dann den laufenden Gewinnen zuzurechnen.[338] Grund für die Versteuerung des negativen Kapitalkontos ist, dass der Anleger durch die Veräußerung das Kapitalkonto mit künftigen Gewinnen nicht mehr ausgleichen kann.[339]

Nun folgt ein Beispiel, dass den Hergang zur Auflösung und Besteuerung des negativen Kapitalkontos verdeutlicht, wenn eine Veräußerung der Beteiligung oder des Schiffes bevorsteht:

Die eingetragene Hafteinlage des Anlegers beträgt 200.000 €. Jedoch wurde bis zum Zeitpunkt der Liquidation tatsächlich nur eine Einlage in Höhe von 100.000 € geleistet. Zudem bestand ein ausgleichsfähiger Verlust von 200.000 € nach § 15a Abs. 1 EStG. Daraus ergibt sich nun ein negatives Kapitalkonto von -100.000 €.

Die Veräußerung der Anteile oder des anteiligen Liquidationsgewinns beläuft sich auf

a)   50.000 €

b)   110.000 €

---

[335] Vgl. Brönner, Die Besteuerung der Gesellschaften, 2007, S.736 RZ 2341
[336] Vgl. Verkaufsprospekt E.R. Helgoland; Nordcapital GmbH & Co. KG, Stand 2002; S. 49
[337] Vgl. Heinhold/Bachmann/Hüsing, Besteuerung der Gesellschaften, 2004, S. 87
[338] Vgl. Zimmermann/Hottmann/Hübner/u.a., Die Personengesellschaft im Steuerrecht, 1998, S. 214
[339] Vgl. Zimmermann/Hottmann/Hübner/u.a., Die Personengesellschaft im Steuerrecht, 1998, S. 213

Der Gewinn aus der Veräußerung wird zuerst zur Auffüllung des negativen Kapitalkontos gebraucht.

Im Fall a)   deckt der Gewinn nicht das negative Kapitalkonto. Somit kann der Kommanditist es mit dem Gewinn nicht vollständig auffüllen und es bleibt ein Betrag im negativen Kapitalkonto bestehen, der nun zum Veräußerungsgewinn hinzugerechnet werden muss.

Im Fall b)   erhält der Kommanditist nach der Auffüllung des negativen Kapitalkontos noch 10.000 € ausbezahlt.

Berechnung:

Fall a) Veräußerungsgewinn   50.000 €

+ Wegfall des negativen Kapitalkontos   50.000 €

= Veräußerungsgewinn § 16 EStG   100.000 €

Fall b) Veräußerungsgewinn § 16 EStG   110.000 €

Da im Fall b) der Gewinn das negative Kapitalkonto ausgleichen kann, ist keine Nachversteuerung nötig.

Existieren bei einer Veräußerung verrechenbare Verluste nach § 15a Abs. 2 EStG, so würden diese den Veräußerungsgewinn mindern.

Beispiel:

Zu dem obigen Beispiel kommen nun zu den ausgleichfähigen Verlusten noch 50.000 € verrechenbare Verluste hinzu. Die Aufteilung nun sieht folgendermaßen aus:

Tatsächlich geleistete Einlage   100.000 €

./. Verlustanteil des Kommanditisten 05   250.000 €

= Kapitalkonto   - 150.000 €

Ausgleichsfähig   nach § 15a Abs. 1 EStG   100.000 €

     nach § 15a Abs. 1 Satz 2 und 3 EStG   100.000 €

Verrechenbar   nach § 15a Abs. 2 EStG   50.000 €

Im Fall a)   deckt der Gewinn nicht das negative Kapitalkonto. Somit kann der Kommanditist es mit dem Gewinn nicht vollständig auffüllen und es bleibt ein Betrag im negativen Kapitalkonto bestehen, der nun zum Veräußerungsgewinn hinzugerechnet werden muss.

Fall a) Veräußerungsgewinn   50.000 €

    + Wegfall des negativen Kapitalkontos   100.000 €

    =   150.000 €

    ./. verrechenbare Verluste   50.000 €

    = zu versteuernder Veräußerungsgewinn   100.000 €[340]

Der zusätzliche Gewinn von 100.000 € ist auch nach den §§ 16 Abs. 4 und 34 EStG begünstigt.[341]

Im Falle eines Ausscheidens des Gesellschafters aus der Gesellschaft, aus welchen Gründen auch immer, ohne Veräußerung der Anteile oder Auflösung der Gesellschaft wird der Verlust entsprechend der Beteiligungsquote auf die übrigen Gesellschafter verteilt.[342]

Hat die Gesellschaft zur Tonnagebesteuerung optiert, so ist zum Zeitpunkt des Ausscheidens des Gesellschafters oder Veräußerung des Schiffes der entstandene Veräußerungsgewinn mit den verrechenbaren Verlusten auszugleichen, auch wenn der Gewinn nach § 5a Abs. 1 EStG abgegolten ist. Ist nun noch ein verrechenbarer Verlust vorhanden, kann dieser mit den aufzulösenden Unterschiedsbeträgen vor einer Besteuerung verrechnet werden.[343]

In Anknüpfung des obigen Beispiels wird davon ausgegangen, dass zu den 50.000 € verrechenbaren Verlusten aus dem Jahr des Ausscheidens, noch 110.000 € verrechenbare Verluste aus den Vorjahren vorhanden sind. Zusätzlich kommt der Unterschiedsbetrag nach Pkt. 6.2.2. in Höhe von 45.000 € hinzu, da die Gesellschaft zur Tonnagebesteuerung gewechselt ist und der Veräußerer ein Erstanleger ist, der den Unterschiedsbetrag nun versteuern muss.

Fall a) Veräußerungsgewinn   50.000 €

    + Wegfall des negativen Kapitalkontos   100.000 €

    = Gesamtveräußerungsgewinn   150.000 €

    ./. verrechenbare Verluste   160.000 €

    = Veräußerungsverlust   - 10.000 €[344]

    + Unterschiedsbetrag nach § 5a Abs. 4   45.000 €

    = verbleibender Unterschiedsbetrag   35.000 €

---

[340] Vgl. Bundesministerium der Finanzen, Amtliches ESt-Handbuch, 2005, § 15a EStG S. 567-571
[341] Vgl. Niehus/Wilke, Die Besteuerung der Personengesellschaften, 2005, S. 289
[342] Vgl. Brönner, Die Besteuerung der Gesellschaften, 2007, S.761
[343] Vgl. Littmann, Das Einkommensteuerrecht : Kommentar zum Einkommensteuergesetz, 2005, Weiland §5a, S. 870/47 RZ 206
[344] Vgl. Bundesministerium der Finanzen, Amtliches ESt-Handbuch, 2005, § 15a EStG S. 567-571

Die Vergünstigungen der §§ 16 Abs. 4 und 34 EStG sind nicht auf den Unterschiedsbetrag anwendbar.

Übersteigen die verrechenbaren Verluste die Veräußerungsgewinne, wenn im Beispiel statt 160.000 € 200.000 € verrechenbare Verluste auftreten, so würde der restliche verrechenbare Verlust von 5.000 € zu laufende Verluste umgewandelt. Somit kann dieser laufende Verlust zusätzlich noch gegen den pauschalen Gewinn in Höhe von 172,10 € gerechnet werden.[345] Hierdurch bleibt nun ein endgültig laufender Verlust aus Gewerbebetrieb in Höhe von 4.827,90 € stehen und dieser kann mit anderen Einkunftsarten ausgeglichen werden.

6.2.5 Veräußerung eines Anteils an der Obergesellschaft einer doppelstöckigen Personengesellschaft

Diese Veräußerung ist mit einem Verkauf einer Beteiligung oder Anteils an einer Fondsgesellschaft gleichzustellen.

Am 04.01.2007 kündigte die Hamburger Finanzbehörde zum Thema: „Veräußerung eines Anteils an der Obergesellschaft einer doppelstöckigen Personengesellschaft" folgendes an: Ein frühzeitiger Verkauf des Anteils an einer doppelstöckigen Personengesellschaft sollte als ein einheitlicher Vorgang zu betrachten sein, so dass nun die Begünstigungen nach § 16 Abs. 4 EStG anwendbar waren.[346] Daraus folgt, dass nur noch der Veräußerungsgewinn einheitlich bei der Personenobergesellschaft festzustellen war und die steuerlichen Begünstigungen bei der Untergesellschaft, wie die Tonnagesteuer, wegfallen würden.[347] Dies bezog sich besonders auf alle Zweitmarktfonds für Schiffsbeteiligungen und auf einige Flottenfonds.

Am 10.05.2007 hat nun die Finanzbehörde Hamburg entschieden, diesen Erlass zurückzunehmen. Der Grund dafür war, dass der Erlass mit dem Transparenzprinzip für die Personengesellschaften nicht vereinbar war und somit wird in Zukunft der Veräußerungsgewinn mit der Tonnagesteuer wieder abgegolten, vorausgesetzt, dass die Beteiligungen zur Tonnagesteuer optiert haben.[348]

---

[345] Vgl. Littmann, Das Einkommensteuerrecht : Kommentar zum Einkommensteuergesetz, 2005, Weiland §5a, S. 870/49 RZ 219
[346] Vgl. Schreiben der Finanzbehörde Hamburg vom 04.01.2007; AZ 52-S2241-007/06
[347] Vgl. Vertriebsinformation 1/2007 der Hansa Treuhand GmbH & Co. KG; vom 19.02.2007
[348] Vgl. Anhang I, Nr. 51

In der folgenden Abbildung wird der Sachverhalt bildlich aufgezeigt:

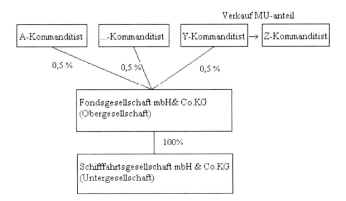

Abb. 3: Veräußerung des ganzen Mitunternehmeranteils, zu deren Betriebsvermögen die Beteiligung an einer anderen Mitunternehmerschaft gehört

7. Zusammenfassung

Schiffsbeteiligungen sind nach wie vor Anlagen, bei denen steuerliche Aspekte und attraktive Auszahlungen eine besondere Bedeutung haben. Besonders nach der Einführung der Tonnagesteuer erfreuen sich Schiffsbeteiligungen einer großen Beliebtheit. Die Investition in eine Fondsgesellschaft ändert nichts an der Tatsache, dass die Gewinne aus einer Schiffsbeteiligung unter die Tonnagegewinnermittlung fallen. Darüber hinaus ist die Beteiligung an einer Fondsgesellschaft mit weniger Risiko behaftet, da durch eine breite Diversifikation auf alle Schiffstypen und Größenklassen das Risiko gestreut wird. Die Beteiligung in einer Schiffsgesellschaft oder in einer Fondsgesellschaft tritt in Form eines beschränkt haftenden Kommanditisten auf. Hier ist gegebenenfalls nur das angelegte Vermögen dem Risiko ausgesetzt, darüber hinaus haftet der Miteigentümer nicht mehr mit seinem Privatvermögen. Leider sind solche Anlagen erst ab 10.000 € möglich.

Die Unterschiede zwischen Vor- und Nach- Steuer-Rendite sind selbst beim Spitzensteuersatz gering, da der Gewinn pauschal nach der Schiffstonnage berechnet wird, es sei denn die Schiffsbeteiligung ist noch nicht zur Tonnagegewinnermittlung optiert. Es ist aber davon auszugehen, dass ältere Gesellschaften bis spätestens zum 31.12.2007 den Antrag auf Tonnagebesteuerung stellen werden, da das sogenannte Kombimodell (anfängliche Verluste nach § 5 EStG/späterer Wechsel zur Tonnagegewinnermittlung) inzwischen ausgelaufen ist.

Eine Schiffsbeteiligung hinsichtlich einer Erbschaft- und Schenkungssteuer eignet sich hervorragend zur Nachfolgeplanung. Neben hohen erzielbaren Werten führt die steuerliche Behandlung bei Vermögensübertragungen zu beträchtlichen Vorteilen gegenüber anderen Vermögensarten. Jedoch sind für die Zukunft, Änderungen der Gesetze zu beachten. Zur Zeit ist es noch möglich alle Übertragungsvorgänge, die nach dem 31.12.2006 entstanden sind, bis zum 31.12.2008 bzw. jedoch bis zum Zeitpunkt einer möglichen früheren Gesetzesänderung, nach den alten Regelungen des Bewertungsgesetzes zu behandeln. Das geplante Abschmelzungsmodell wird mit hoher Wahrscheinlichkeit nicht eingeführt, da das Modell in vielerlei Hinsicht nicht durchführbar ist. Welches Modell letztendlich im neuen ErbStG geregelt wird, wird frühestens im Spätsommer entschieden.

Besteht eine mittelbare Beteiligung an einer Schiffsgesellschaft über die Zwischenschaltung einer Fondsgesellschaft, sprich doppelstöckige Personengesellschaft oder Dachfonds, gibt es nach § 15 Abs. 1 Satz 1 Nr. 1 Satz 2 EStG zu der unmittelbaren Beteiligung keinen Unterschied. In Höhe des Anteils am steuerlichen Ergebnis der Fondsgesellschaft bzw. Schiffsgesellschaft erzielt der Anleger Einkünfte aus Gewerbebetrieb. Dem mittelbaren

Gesellschafter wird über eine Zurechnung seines Gewinnanteils an der Fondsgesellschaft indirekt der Gewinn an den Schiffsgesellschaften zugerechnet.

Anhang 1: Recherche aus dem Internet

1. http://www.wirtschaftsberater-
schaub.de/stammtisch/protokolle/schiffsbeteiligungen_26_prozent.pdf, Stand der
Einsichtnahme 13.08.2007

… Früher hatte jeder Reeder sein eigenes Schiff. Die Angst vor Piraterie oder Untergang des
Schiffes war groß, denn das brachte meist den Konkurs für den Reeder mit sich. Die Idee der
Risikoteilung war im 14. Jh. geboren und mehrere Reeder kauften zusammen mehrere
Schiffe. Fiel nun ein Schiff der Piraterie zum Opfer oder ging unter, so bedeutete das für
jeden einzelnen Reeder einen verkraftbaren Verlust. Aus diesem Grund trägt z.B. die
Fondsgesellschaft Pioneer noch heute als Zeichen der Risikostreuung das Schiff in ihrem
Firmenlogo…

… 97% des weltweiten Warentransportes erfolgt über den Seeweg. Kein Wunder, denn über
2/3 der Erde besteht aus Wasser…

2. http://www.contempo-i.de/warum%20schiffsbeteiligung.htm, Stand der Einsichtnahme
13.08.2007

Warum Schiffsbeteiligungen:
Im Zuge der einsetzenden Globalisierung seit dem Beginn der 1970er Jahre und der damit um
ein vielfach gestiegenen Warenflüsse, hat auch das Transportmittel Schiff wieder enorm an
Bedeutung gewonnen. Dank dieser hohen Nachfrage an Schiffen aller Art wie Bulker,
Containerschiffe oder Tanker ist eine Schiffsbeteiligung eine interessante Form der
Investition, selbst durchschnittliche Produkte aus diesem Segment versprechen meistens eine
Rendite von acht bis zwölf Prozent, in der Spitze sogar fünfzehn und mehr Prozentpunkte
jährlich. Trotzdem sollten vor einer Investition auch die Risiken abgewogen werden, zu den
größten Risiken gehören Wechselkursschwankungen, wechselnde steuerliche
Rahmenbedingungen und außerplanmäßige Kosten. Auch sollte berücksichtigt werden, dass
Schiffsbeteiligungen meist eine Laufzeit von zehn und mehr Jahren haben und dass es in
diesem langen Zeitraum auch Schwankungen bei den Chartergebühren für die Schiffe geben
kann. Die meisten Schiffsbeteiligungen setzen eine Mindestinvestitionssumme voraus, dieser
Betrag bewegt sich meistens in einem Bereich von 10.000 EUR bis 25.000 EUR.
Schiffsbeteiligungen unterscheidet man zwischen offenen und geschlossenen Beteiligungen,
bei einer offenen Beteiligung hat man zu jeder Zeit die Möglichkeit in die Schiffsbeteiligung
einzusteigen, gleichzeitig ist die Schiffsbeteiligungsgesellschaft aber auch gesetzlich
verpflichtet die Anteile jederzeit zum Tageskurs zurückzukaufen. Anteile an Geschlossenen
Schiffsbeteiligungen hingegen, können nur während einer Emissionsphase erworben werden,
nach diesem Zeitraum wird die Beteiligung geschlossen und erst nach Ende der Laufzeit
durch die Auszahlung der Anteile an die Investoren wieder geöffnet.

3. http://www.kas.de/publikationen/2003/3598_dokument.html, Stand der Einsichtnahme
13.08.2007

…Internationale Verbindungen und Vernetzungen zwischen Märkten in verschiedenen
Kontinenten gibt es aber schon lange. Handel zwischen Staaten oder Handelshäusern in
verschiedenen Kontinenten gab es schon vor Hunderten von Jahren. Die Chinesen verkauften

vor Hunderten von Jahren bereits Porzellan, das über Manila und Mexiko nach Spanien gebracht wurde. Das indonesische Inselreich wurde von arabischen Händlern besucht, die Waren aus dem Nahen und Mittleren Osten dorthin brachten, und zugleich die muslimische Religion dorthin exportierten. Dieses Beispiel zeigt, dass schon damals mit dem Handel auch der Export von Kultur einherging. Auch die Handelsströme über die Seidenstrasse zeugen von frühen Stufen globalen, zumindest aber interkontinentalen, wirtschaftlichen Austausches, der mit dem Kennenlernen von unterschiedlichen Techniken, der Herstellung von neuen Produkten und dem Kontakt mit unterschiedlichen Kulturen einherging...

4. http://de.wikipedia.org/wiki/Seerecht, Stand der Einsichtnahme 13.08.2007

... Das Küstenmeer oder Hoheitsgewässer ist das Gebiet, das sich bis maximal zwölf Seemeilen von der Basislinie (i.d.R. die Niedrigwasserlinie, es sind aber auch gerade Basislinien möglich) erstreckt. Dem Staat stehen in seinem Küstenmeer sämtliche Hoheitsbefugnisse zur Verfügung.

Die Zwölf-Seemeilen-Zone wurde im Seerechtsübereinkommen der UN von 1982 in Artikel 3 definiert. In den meisten Staaten löst die Zwölf-Seemeilen-Zone die früher übliche Dreimeilenzone (3 sm = 5,56 km) ab...

5. www.un.org/Depts/los/reference_files/chronological_lists_of_ratifications.htm#The%20U nited%20Nations%2Convention%20on%20the%20Law%20of%20the%20Sea, Stand der Einsichtnahme 13.08.2007

The United Nations Convention on the Law of the Sea	
155.	Lesotho (31 May 2007)
154.	Morocco (31 May 2007)
153.	Moldova (6 February 2007)
152.	Montenegro (23 October 2006)
151.	Niue (11 October 2006)
150.	Belarus (30 August 2006)

...

6. www.abendblatt.de/daten/2004/01/27/255489.html, Stand der Einsichtnahme 13.08.2007

Die deutsche Seeschifffahrt

Von deutschen Unternehmen gemanagte Schiffe können unter deutscher sowie unter ausländischer Flagge unterwegs sein. Bei der deutschen Flagge wird zwischen dem ersten und dem Zweitregister unterschieden.
Im ersten Register fahren alle Schiffe im nationalen Verkehr wie etwa die Fähren zu den Nordseeinseln oder auch Ausflugsschiffe. Auf diesen Schiffen haben alle Beschäftigten deutsche Arbeitsverträge. Ausländer haben dazu eine unbefristete Aufenthaltsgenehmigung. Zum ersten Register zählen insgesamt 230 Schiffe...

7. http://www.environmental-
studies.de/Schiffsfonds/Seeschiffahrtsregister/seeschiffahrtsregister.html, Stand der
Einsichtnahme 13.08.2007

Internationales Seeschifffahrtsregister (ISR) (deutsches Zweitregister)
Zur Sicherung der Wettbewerbsfähigkeit der deutschen Seeschifffahrt wurde mit Zustimmung
von Bundestag und Bundesrat am 05.04.1989 ein internationales Seeschiffsregister (ISR) als
Zusatzregister für Schiffe unter deutscher Flagge eingeführt.
Durch die Änderung des Flaggenrechtsgesetzes wurde zentral im Bereich Bundesministerium
für Verkehr (heute BMVBW) beim Bundesamt für Seeschifffahrt und Hydrographie (BSH) -
zusätzlich zur bestehenden amtsgerichtlichen Registrierung - ein Internationales
Seeschiffsregister eingerichtet. Hierin können deutsche Seeschiffe eingetragen werden, die die
Bundesflagge führen und überwiegend im internationalen Verkehr eingesetzt sind. Die
Einrichtung des Internationalen Seeschiffsregisters soll dazu beitragen, die Erhaltung einer
angemessenen Tonnage unter deutscher Flagge zu sichern...

8. http://dip.bundestag.de/brd/2006/0095-1-06.pdf, Stand der Einsichtnahme 13.08.2007

...Die Hafenstaatkontrolle war bislang auf den Bereich "Safety", d. h. die Durchsetzung
internationaler Normen für die Schiffssicherheit, die Verhütung von Verschmutzung und die
Lebens- und Arbeitsbedingungen an Bord von Schiffen ausgerichtet...

9. http://www.modellskipper.de/Archive/Maritimes/Dokumente/maritime_Begriffe_Abschni
tt_fk_fle/Flaggendiskriminierung.htm, Stand der Einsichtnahme 13.08.2007

Durch Flaggenprotektionismus (Eingriff eines Staates in den Wettbewerb zugunsten seiner
eigenen Flagge) werden Flaggen anderer Staaten diskriminiert.

10. http://www.marine.de/02DB07000000001/vwContentByKey/W275UECK145INFODE/
$File/Fakten_und_Zahlen_2007.pdf, Stand der Einsichtnahme 13.08.2007

...Die deutschen Reeder kontrollierten am 30.04.2007 insgesamt 3.105 Handelsschiffe, 571
davon unter deutscher Flagge (18,3%). Der größere Teil ist jedoch ausgeflaggt: 2.314 Schiffe
unter Bareboat- Charter nach den Bedingungen des §7 Flaggenrechtsgesetz (deutsches
Register – fremde Flagge, begrenzt auf jeweils 1-2 Jahre unter Vorbehalt des Widerrufs durch
die Bundesregierung) und 220 Schiffe mit 5,6 Mio. BRZ unter ausländischer Flagge in
ausländischen Registern...

11. http://de.wikipedia.org/wiki/Bereederung, Stand der Einsichtnahme 13.08.2007

Unter Bereederung versteht man die technische und kaufmännische Betriebsführung von
Seeschiffen. Der Eigentümer des Schiffes kann die Bereederung einem Dienstleister
übertragen. In diesem Fall nennt man den beauftragten Dienstleister Vertragsreeder oder
Schiffsmanager. Im Englischen ist die Bezeichnung ship management üblich.
Der Umfang der übertragenen Aufgaben, die übrigen Pflichten und Aufgaben, die Vergütung,
Haftungsfragen und sonstige wesentliche Punkte werden im Bereederungsvertrag geregelt.

12. http://www.norddeutsche.de/035AE83EE7D54DA0B54510BA10E2BFEA_84817FC5A4
1E4307995642C03BC1677D.asp, Stand der Einsichtnahme 13.08.2007

Bereederung:
Die Reederei führt die Bereederung durch, d. h. der Reeder setzt die Besatzung ein und rüstet das Schiff mit Treibstoff, Proviant etc. aus. Weiter bestimmt der Reeder den Einsatz des Schiffes.

13. http://www.wagner-financials.de/content/infos/lexikon/b.htm, Stand der Einsichtnahme 13.08.2007

Bereederungsgebühr
Die Bereederungsgebühr ist eine Vergütung für den Vertragsreeder, welcher sich um die Beschäftigung und die damit in Zusammenhang stehenden Aufgaben kümmert. Die Bereederungsgebühr beträgt i.d.R. vier bis fünf Prozent der Bruttofrachterlöse.

Bareboat-Charter
Mietweise Überlassung des reinen Schiffes an einen Charterer. Der Charterer muss sich im Gegensatz zur Zeitcharter selbst um Besatzung, Kapitän sowie um Technik und Wartung des Schiffes kümmern. Anders als bei einer Zeitcharter gehen bei dieser besonderen Vertragsform sämtliche Schiffsbetriebskosten zu Lasten des Mieters/ Charterers.

Charter(-rate)
I.d.R. Tages-Mietpreis, der für ein Schiff für einen bestimmten Zeitraum gezahlt wird. Die Angabe/ Zahlung erfolgt meist in US-$.

14. http://www.thgweb.de/lexikon/Partenreederei, Stand der Einsichtnahme 13.08.2007

...Begriff der Partenreederei und seine Abgrenzung
Bereits aus der Definition des Handelsgesetzbuchs ergibt sich, dass die meisten als Reederei firmierenden Unternehmen mit der Definition der Reederei gem. HGB nichts zu tun haben. Reedereien werden heute regelmäßig in Form von Handelsgesellschaften, etwa Aktiengesellschaften oder vorzugsweise GmbH & Cos geführt, die sich als Beschreibung ihrer unternehmerischen Tätigkeit als Reederei bezeichnen, damit aber keineswegs die Reederei im Sinne von § 489 HGB meinen. Diese ist vielmehr eine eigene, dem System des heutigen Gesellschaftsrechts eher fremde Gesellschaftsform, deren Ursprünge sich im Römischen Recht finden...

15. http://de.wikipedia.org/wiki/Charter, Stand der Einsichtnahme 13.08.2007

1. bareboat charter
Es wird das unbemannte Schiff für eine einzelne Reise oder einen definierten Zeitraum dem Charterer überlassen. Der Charterer hat selbst für die Bereederung zu sorgen und trägt während des Nutzungszeitraumes die Kosten für Wartung, Reparaturen und Betriebsstoffe. International üblich wird eine bareboat charter in US$ pro Kalendertag vereinbart und berechnet. Kann das Schiff während dieser Zeit z. B. aufgrund eines technischen Defekts nicht genutzt werden ist dies Risiko des Charterers...

16. http://www.atlantic-fonds.de/glossar.php?id=73, Stand der Einsichtnahme 13.08.2007

Die mietweise Überlassung des „nackten" Schiffes ohne Besatzung. Allein der Charterer trägt die Betriebskosten und ist für die Besatzung einschließlich Kapitän, aber auch für die Wartung des Schiffes verantwortlich. In diesem letzten Punkt liegt die Problematik der bareboat-Vercharterung. Der bareboat-Charterer haftet gegenüber Dritten (z.B. nach einer Kollision) genauso wie der Reeder bei Zeitcharter. Allerdings können Gläubiger ihre Ansprüche auch gegenüber dem Schiff geltend machen. Vorteil der bareboat-Charter aus der Sicht der Schiffseigner: Der Charterer trägt das Risiko, dass das Schiff einmal ohne Beschäftigung (off-hire) ist. Die Einnahmen aus bareboat-Chartern sind steuerlich betrachtet Einnahmen aus Vermietung und Verpachtung, Zeit-Chartern dagegen Einkünfte aus Gewerbebetrieb. Eine Option zur Tonnagegewinnermittlung ist bei bareboat-Charter nicht möglich!

17. http://www.esf-shipping.de/german/Glossar.PDF, Stand der Einsichtnahme 13.08.2007

Bareboat Charter
Als Bareboat Charter - oder auch Demise Charter genannt - wird eine Überlassung des Schiffes an den Charterer ohne irgendwelche Ausrüstung bezeichnet. Der Charterer übernimmt das Schiff in eigener Verantwortung und hat alle reiseabhängigen und reiseunabhängigen Kosten zu tragen. Der Vercharterer muss lediglich für die Kosten der Abschreibung und der P & I-Versicherung aufkommen. Die Bareboat-Charter gilt normalerweise nicht als Transportvertrag, sondern als eine Form der Schiffsfinanzierung und -beschaffung.

18. http://www.embdena.de/index.php3?hid=05575, Stand der Einsichtnahme 13.08.2007

Zeitcharter, Festcharter
Vermietung eines Schiffes auf Zeit. Die Charterdauer kann wenige Wochen bis mehrere Jahre umfassen. Tendenziell gilt, dass die Charterdauer umso kürzer ist, je häufiger der betreffende Schiffstyp am Markt anzutreffen ist und je mehr potenzielle Charterer zur Verfügung stehen. Umgekehrt ist die Charterdauer tendenziell umso länger, je größer das betreffende Schiff ist bzw. je seltener der Schiffstyp am Markt vorhanden ist.

19. http://www.geschlossene-
fonds.de/dokumente.php?name=hhs_queenzenobie_prospektinclzs.pdf, Stand der
Einsichtnahme 13.08.2007

Charterer – Mieter eines Schiffes für eine bestimmte Zeit (Zeitcharter/timecharter) oder Reise (spotcharter/voyagecharter). Chartervertrag (Seefrachtvertrag) zwischen Befrachter (Charterer) und Verfrachter (Reederei) ist im Handelsrecht geregelt. Bei Bareboat-Charter wird meistens nur der Schiffskörper (bare boat) ohne Ausrüstung und Besatzung gechartert. Steuerlich sind Zeitchartern Einkünfte aus Gewerbebetrieb, Bareboat-Chartern hingegen sind grundsätzlich Einkünfte aus Vermietung und Verpachtung.

20. http://www.versicherungsmagazin.de/index.php?do=show&id=268&alloc=221, Stand der Einsichtnahme 13.08.2007

Begriff: Gesetzlich nicht geregeltes Rechtsverhältnis zwischen Treugeber und Treuhänder (Treuhandverhältnis). Es liegt dann vor, wenn der Treugeber einen bisher rechtlich zu seinem Vermögen gehörenden Gegenstand (Treugut) einem anderen (Treuhänder) zu getreuen Händen anvertraut, d. h. der Treuhänder darf das übertragene Recht zwar im eigenen Namen ausüben, es jedoch nicht zu seinem Vorteil gebrauchen, er darf es vielmehr ausschließlich ganz oder teilweise im Interesse des Treugebers ausüben (fiduziarische Ausübung)...

21. http://www.appencapital.com/service/faq.html#funktion,   Stand   der   Einsichtnahme 13.08.2007

Wie funktioniert eine Schiffsbeteiligung?
Schiffsbeteiligungen sind unternehmerische Beteiligungen mit mittelfristigen Laufzeiten, bei denen sich der Anleger kommanditistisch an einem oder mehreren Schiffen beteiligt. Er wird somit Mitunternehmer eines Schifffahrtsbetriebes (i.d.R. in der Gesellschaftsform einer GmbH & Co. KG). Der Vertragsreeder der Gesellschaft besorgt neben der technischen und kaufmännischen Betreuung des Schiffes das Chartermanagement, d.h. er "vermietet" das Schiff an einen Charterer, der dieses für den weltweiten Gütertransport einsetzt. Aus den laufenden Einnahmen des Schiffes werden die Betriebskosten, Zinsen und die Tilgungen des Schiffshypothekendarlehens, welches i.d.R. von einer Bank aufgenommen wurde, gedeckt. Verbleibende Überschüsse werden jährlich an die Anleger ausgezahlt.

Die Anleger / Kommanditisten

Der Anleger - auch Kommanditist genannt - beteiligt sich durch seine Kapitaleinlage direkt oder treuhänderisch über eine Treuhänderin an einer Schifffahrtsgellschaft und partizipiert an dem wirtschaftlichen Erfolg des Unternehmens. Die Haftung des Anlegers ist auf die Höhe der von ihm gezeichneten Beteiligung begrenzt.

Das Emissionshaus

Das Emissionshaus ist für das Gesamtkonzept einer Beteiligung zuständig. Es bringt die einzelnen qualifizierten Vertragspartner zusammen und führt im Rahmen der Eigenkapitaleinwerbung die Prospekterstellung und das Marketing durch.

22. http://www.contempo-i.de/Schiffsbeteiligungen%20.htm,   Stand   der   Einsichtnahme 13.08.2007

Schiffsbeteiligungen allgemein

Schiffsbeteiligungen erfreuen sich Dank hoher Renditen in den letzten Jahren einer enormen Beliebtheit. Das Prinzip beruht auf Beteiligungsgesellschaften, welche die Investitionen der Anleger bündeln und diese dann in neuwertige Schiffe oder teilweise auch in gebrauchte Schiffe investieren. Je nach Anlagetyp wird entweder in Schiffe für Massengut (Bulker), Schiffe für Fahrzeugtransport (Car Carrier), Containerschiffe, Massengutschiffe und sogar in Passagierschiffe investiert. Der größte Teil der Schiffe stammt aus ausländischer Produktion, vornehmlich laufen diese Schiffe auf Werften in China, Korea und Polen vom Stapel. Das

Prinzip der Schiffsbeteiligung beruht auf der Tatsache, dass die Schiffe meistens schon während der Bauphase langjährig verchartert sind. Nur ist dieser erste Chartervertrag meist darauf ausgelegt die anfallenden Kosten zu decken und damit den Betrieb des Schiffes gewährleisten zu können - erst bei nachfolgenden Charterverträgen wird versucht durch höhere Chartergebühren eine Rendite für die Anteilseigener zu erzielen. In den meisten Fällen handelt es sich bei den Schiffen um Ein-Schiffgesellschaften, welche meist unter der Geschäftsform einer GmbH & Co. KG laufen. Die Verwaltung, Wartung und den Betrieb der Schiffe übernehmen Vertragsreedereien im Auftrag der Schiffsbeteiligungsgesellschaften, so ist zu jeder Zeit eine perfekte technische Umsetzung sichergestellt. Dank der erhöhten und weiter steigenden Nachfrage an Schiffen in den letzten Jahren, vor allem verursacht durch die Folgen einer rasanten Globalisierung - haben sich Schiffsbeteiligungen zu einem lohnenden Investment entwickelt. Nicht selten übersteigen die Renditen die 15% p.a. Grenze und ein abflauen dieses Boomsegmentes ist bisher nicht zu erkennen.

23. http://www.fondsexperte24.de/containerschiffe.html, Stand der Einsichtnahme 13.08.2007

Ein Containerschiff ist ein Schiffstyp, der für den Transport von Containern ausgelegt ist. Die Schiffskonstruktion ist so ausgelegt, dass bei der Beladung mit Containern kein Raum verschwendet wird. Die Frachtkapazität von Containerschiffen wird in TEUs (Twenty-Foot Equivalent Units, vgl.: Tonnage) angegeben, der Anzahl von 20-Fuß-Containern, die geladen werden können. Üblich sind auch die größeren 40-Fuß-Container, seit Mitte der 1990er auch 45-Fuß-Container, die allerdings über Deck geladen werden müssen, da die sogenannten Cellguides (Führungsschienen in der Vertikalen) nur für 40 Fuß Container ausgelegt sind. Für sehr große bzw. schwere Stückgüter existieren auch so genannte flat racks, Open-Top-Container oder platforms, die im Verbund mit Standard-Containern geladen werden können.

24. http://www.wirtschaftsberater-
schaub.de/stammtisch/protokolle/schiffsbeteiligungen_26_prozent.pdf,   Stand   der Einsichtnahme 13.08.2007

…Wie werden heute Waren transportiert?
Aus der Idee Waren in einer Box zu transportieren entstand wenig später der Container (TEU), der durch seine standardisierten Maße bequem auf Zug und LKW weiter transportiert werden kann. Der erste Container kam im Jahre 1966 nach Deutschland (Bremen). Neuere Containerarten sind Kühlcontainer, Holzcontainer und spezielle Autocontainer.
Welche Arten von Transportschiffen gibt es?
1. Containerschiffe
zum Transport der meisten Waren geeignet, z.B. Lebensmittel, Elektrogeräte, Autos, ...
2. Bulker
zum Transport von Sand, Röhren, großen Maschinen,...
3. Tanker
zum Transport von Öl und Gasen.
5. Was macht Containerschiffe als Transportmittel so attraktiv?
Heute gibt es Containerschiffe mit einem Fassungsvermögen von 10.000 TEU, d.h. sie können 10.000 Container transportieren. Ein Vergleich zwischen dem Transport auf dem Seeweg und dem Landweg verdeutlicht die Bedeutung des
Seeweges für Warentransporte:
Kleines Containerschiff mit 1.000 TEU = 500 LKW (je 2 Container)…

25. http://www.contempo-i.de/Tanker.htm, Stand der Einsichtnahme 13.08.2007

Tanker

Mit Tankern werden alle möglichen flüssigen Güter wie Wasser, Rohöl oder Kraftstoffe transportiert. Im Gegensatz zu andere Schiffstypen lassen sich Tankschiffe aufgrund ihres flachen Deckes und der meist nur aufragenden Brücke relativ einfach erkennen. Der größte Teil der Tanker verfügen über ein autarkes Pumpsystem für das be- und entladen der Ladung und sind somit nicht auf spezielle Pumpanlagen in den Häfen angewiesen. Um Schiffsbrände und Explosionen mit leicht entflammbaren Gütern vorzubeugen werden die Tankleerräume mit Inertgas befüllt, dieses Gas ersetzt den Sauerstoff, ist sehr reaktionsträge und sorgt somit dafür das sich die Ladung nicht entzünden kann. Zu den am meisten verbreiteten Tankern gehören die Öltanker, die mit Größen von über 100.000 BRT die westliche Welt mit Erdöl aus den arabischen Staaten versorgen. Die Geschichte der Tankerschifffahrt geht bis ins 19. Jh. zurück, die damaligen Schiffe hatten ein Ladevermögen von 3.000 t - durch den immer weiter ansteigenden Bedarf an Rohöl wuchsen die Schiffe in den letzten 100 Jahren zu einem Ladevermögen von bis zu 450.000 tdw an. Diese modernen Supertanker verfügen allen über einen doppelte Außenhülle, die eine höhere Sicherheit gegen das auslaufen des flüssigen Transportgutes bietet. Neben Öltankern gibt es auch noch eine Reihe anderer Tankertypen wie zum Beispiel Flüssiggastanker für petrochemische Erzeugnisse und LNG-Tanker für den Transport von verflüssigten Erdgas.

26. http://www.mira-anlagen.de/mira-pressemitteilungen-kapitalanlagen/artikel/leo-fischer.pdf, Stand der Einsichtnahme 13.08.2007, Leo Fischer 01.05.2006

…Weniger als drei Prozent des Geldes, welches deutsche Anleger in den vergangenen fünf Jahren in Schiffsbeteiligungen investierten, entfielen auf Bulker, nicht ganz zwei Drittel auf Containerschiffe - dies zeigt die Marktstatistik von Analyst Stefan Loipfinger, Herausgeber des Fondstelegramms. Aber Bulker stellen mit rund 39 Prozent den größten Teil der Welthandelsflotte, Container lediglich zwölf Prozent. Bulker gelten als die Arbeitspferde des Seeverkehrs und sind - trotz des Trends zur Containerisierung - auch in Zukunft unentbehrlich für den Transport von Erzen, Kohle und Getreide, kurz allen trockenen Rohstoffen. "Es würde sich nicht lohnen, Eisenerz, Kohle oder Getreide in Container zu packen", meint Martin Strothmann, Vorstand der Ideenkapital Marine Finance AG, die mit dem Bulkerfonds Navalia 8 auf dem Markt ist. Diesem sollen weitere Produkte folgen. Die entsprechenden Schiffe wurden z. T. schon eingekauft…

27. http://www.contempo-i.de/Bulker.htm, Stand der Einsichtnahme 13.08.2007

…Die heutigen Massengutfrachter sind in erster Linie nach dem Prinzip der kostengünstigen Bauweise konstruiert, trotzdem muss ein erhöhtes Augenmerk auf die Sicherheit gelegt werden, da lose und feste Massengüter verrutschen können und dies zum kentern des Schiffes führen kann. Dem verrutschen wird durch gut durchdachte Staumethoden, abgeschlossene Laderäume und Gegenballasttanks Sorge getragen…

28. http://www.tis-gdv.de/tis/taz/p/partenreederei.htm, Stand der Einsichtnahme 13.08.2007

Partenreederei
engl. shipowning partnership

Partenreederei ist eine besondere seerechtliche Organisationsform (§ 489 HGB). Sie liegt vor, wenn mehrere Personen ein ihnen gemeinschaftlich gehörendes Seeschiff für gemeinschaftliche Rechnung zum Erwerb durch die Seefahrt verwenden. Das Eigentum am Schiff verteilt sich in Form von Anteilen, sogenannten Schiffsparten, auf die Eigentümer. Eine Partenreederei kann immer nur ein Seeschiff besitzen. Sind deren Miteigentümer darüber hinaus auch Miteigentümer eines weiteren Schiffes, so besteht dann eine zweite Partenreederei. Die Miteigentümer haften persönlich mit ihrem Vermögen. Sie sind zwar zur Geschäftsführung berechtigt, jedoch einigen sie sich meistens auf einen sogenannten Korrespondentreeder, der mit der Geschäftsführung beauftragt wird. Ihm wird ein Schiff vom eigentlichen Schiffseigner zur Bewirtschaftung vertraglich übertragen. Er wird befugt, alle Geschäfte und Rechtshandlungen, die der Geschäftsbetrieb einer Reederei üblicherweise verlangt, zu tätigen. Ein Partenreeder ist stets Unternehmer.

29. http://www.hansa-online.de/print.asp?artikelID=120, Stand der Einsichtnahme 13.08.2007

Fonds-Laufzeit und Nutzungsdauer/AfA-Tabelle

Die anzusetzende Nutzungsdauer/AfA muß mit der Laufzeit eines Fonds nach dem vom Initiator bestimmten Betriebskonzept in Übereinstimmung stehen – auch bei Abweichung von den nach wie vor gültigen amtlichen AfA-Tabellen. (Erläuterung unten)…

30. http://de.wikipedia.org/wiki/Degressive_Abschreibung#AfA_in_fallenden_Jahresbetr.C3. A4gen_.28degressive_Abschreibung.29, Stand der Einsichtnahme 13.08.2007

…Bei der degressiven AfA wird ein fester Prozentsatz in jedem Jahr erneut vom Buchwert des Vorjahres abgezogen. Dabei darf der Prozentsatz höchstens das 2-fache des bei der linearen AfA anzuwendenden Abschreibungssatzes (= 100/Jahre der Nutzung) betragen und 20 % nicht übersteigen. Als konjunkturpolitische Maßnahme hat der Gesetzgeber für Anschaffungen in dem Zeitraum vom 1. Januar 2006 bis 31. Dezember 2007 eine degressive Abschreibung mit dem dreifachen linearen Satz, höchstens 30 % zugelassen…

31. http://www.hansamare.de/maerkte/frames.php?URL=http://www.hansamare.de/maerkte/st euer/einkommensteuer.html, Stand der Einsichtnahme 13.08.2007

Abschreibungen gem. § 7 Abs. 2 EStG:

Bemessungsgrundlage für die Abschreibung sind die Anschaffungskosten des Schiffes nach Abzug des Schrottwertes. Zu den Anschaffungskosten gehören auch die Anschaffungsnebenkosten. Die Vor- oder Anlaufkosten der Einschiffs-Gesellschaft gehören somit zu den aktivierungspflichtigen Anschaffungsnebenkosten (BMF-Schreiben vom 20. Oktober 2003).

32. http://www.axerpartnerschaft.de/spezielles/beitraege/kapitalanlage/2005/20051107schiffe. pdf, Stand der Einsichtnahme 13.08.2007, AXER PARTNERSCHAFT, Köln • Düsseldorf, Schiffsbeteiligung: Statt Verlustzuweisung steuerfreie Ausschüttung, 07.11.2005, S. 4-5

…Derzeit ist es noch möglich, im Rahmen eines Kombinationsmodells in den ersten beiden Jahren eine herkömmliche Gewinnermittlung durchzuführen und anschließend auf die Tonnagebesteuerung zu wechseln. Damit können Verluste in der Investitionsphase und die Vorteile der Tonnagesteuer nacheinander genutzt werden. Damit ist es im Jahr 2007 vorbei. Neu aufgelegte Schiffsfonds müssen sich ab dem Wirtschaftsjahr 2006 entscheiden: Entweder steuerliche Verluste oder Tonnagesteuer. Ein späterer Wechsel ist dann kurzfristig nicht mehr möglich.
Somit sind die Kombimodelle nur noch für Fonds möglich, bei denen die Anschaffung des Schiffs auf Grund eines vor 2006 abgeschlossenen Kaufvertrags beruht. Wann das Schiff geliefert wird, spielt dann keine Rolle mehr.
Im Jahr des Übergangs zur Tonnagesteuer ist für die vorhandenen stillen Reserven des Schiffs eine Rücklage zu bilden. Diese wird später beim Verkauf des Schiffes aufgelöst und ist dann stpfl. Dabei spielt es keine Rolle, welcher Veräußerungsgewinn später erzielt wird. Daher kann es später vorkommen, dass auf Grund mäßiger Preisentwicklung nur ein geringes Plus erzielt wird, zum Zeitpunkt des Wechsels in die Tonnagesteuer aber hohe (steuerpflichtige) stille Reserven vorliegen. Dann versteuern Anleger einen fiktiven Gewinn, der überhaupt nicht entstanden ist.

33. http://www.profifonds24.de/2004/11,1,,135,135,100027,N.html, Stand der Einsichtnahme 13.08.2007

Nachschusspflicht

Im Gesellschaftsvertrag der Fondsgesellschaft wird i.d.R. eine Ausschluss der Nachschusspflicht vereinbart. D.h. der Anleger ist nicht zu weiteren Zahlungen verpflichtet, wenn er seinen Kapitalanteil eingezahlt hat. Auch eine Verpflichtung zur Beteiligung an einer beschlossenen Kapitalerhöhung ohne Zustimmung der Gesellschafter sollte ausgeschlossen sein…

34. http://www.hansamare.de/maerkte/frames.php?URL=http://www.hansamare.de/maerkte/st euer/tonnagesteuer.html, Stand der Einsichtnahme 13.08.2007

…Die Besteuerung erfolgt dann wie bisher mit dem individuellen Einkommensteuersatz. Die festgesetzten Gewinnpauschalen sind nach internationalem Vorbild so gering, dass die sich ergebende Ertragsteuer beim Eigner einer „Nullbesteuerung" gleich kommt. Sonderbetriebsausgaben des Gesellschafters (z.B. Fremdfinanzierungszinsen, Reisekosten) werden im Rahmen der Tonnagesteuer nicht mehr berücksichtigt…

35. http://www.vendura.de/53.print.html, Stand der Einsichtnahme 13.08.2007

§ 4a EStG - Nichtabziehbarkeit von Schuldzinsen aus Überentnahmen

...Gesellschafter können Zinsen für die Fremdfinanzierung ihrer Kommanditbeteiligung grundsätzlich als Sonderbetriebsausgaben in voller Höhe im Jahr der wirtschaftlichen Verursachung abziehen, wenn die Gesellschaft im betreffenden Wirtschaftsjahr den Gewinn durch Betriebsvermögensvergleich (§§ 4, 5 EStG) ermittelt, es sei denn, die Gesellschafter tätigen Überentnahmen i.S.d. § 4 Abs. 4 a EStG. Schuldzinsen sind ab dem Veranlagungszeitraum, die auf Überentnahmen zurückzuführen sind, nach Maßgabe der in § 4 Abs. 4 a Sätze 2 bis 5 EStG getroffenen Regelungen nicht abziehbar...

36. http://www.geschlossenefonds.de/die_tonnagesteuer.htm, Stand der Einsichtnahme 13.08.2007

Sonderbetriebsausgaben / Gewinnfiktion

Nach der Optierung zur Tonnagesteuer können Gesellschafter Sonderbetriebsausgaben, wie z.B. Notarkosten oder Fremdkapitalzinsen, grundsätzlich nicht mehr gewinnmindernd geltend machen. Eine Fremdfinanzierung der Beteiligung ist daher unter steuerlichen Gesichtspunkten nicht mehr sinnvoll, da sich der Zinsaufwand steuerlich nicht auswirkt. Trotz des Wechsels zur Tonnagesteuer bleibt die Gesellschaft weiterhin verpflichtet eine Steuerbilanz aufzustellen. Eventuell vorhandene bzw. sich ergebende verrechenbare Verluste gem. §15a EStG werden mit Steuerbilanzgewinnen verrechnet. Im Zusammenhang mit der Versteuerung von sog. fiktiven Gewinnen gem. §15a Abs.3 EStG können sich hierdurch Nachteile ergeben. Entsteht oder erhöht sich ein negatives Kapitalkonto durch Entnahmen (Auszahlungen) und ist der Gesellschafter nicht direkt im Handelsregister eingetragen, so ergibt sich insoweit ein fiktiver Gewinn. In gleicher Höhe entsteht zwar ein verrechenbarer Verlust, der aber ggf. in Folgejahren bei der Verrechnung mit Steuerbilanzgewinn verloren geht. Eine direkte Eintragung ins Handelsregister ist insofern für jeden Gesellschafter unbedingt empfehlenswert.

37. http://de.wikipedia.org/wiki/Erbschaftssteuer#Erbschaft-_und_Schenkungsteuer_in_Deutschland, Stand der Einsichtnahme 13.08.2007

Die Erbschaftsteuer ist eine Steuer auf den Vermögenserwerb von Todes wegen. Sie ist in Deutschland als Erbanfallsteuer ausgestaltet, d.h. sie knüpft an den konkreten Erwerb des jeweiligen Erben, Pflichtteilsberechtigten, Vermächtnisnehmers oder sonstigen Erwerbers an. Ihr Anknüpfungspunkt ist also nicht - wie beim System der Nachlasssteuer, das in anderen Staaten gilt - abstrakt das vom Erblasser hinterlassene Vermögen als Ganzes. Ihre Rechtfertigung findet die Erbschaftsteuer in der erhöhten steuerlichen Leistungsfähigkeit des Erben sowie in der gewünschten Umverteilung von im Erbgang angehäuften Vermögen.

Im deutschen Steuerrecht sind Erbschaft- und Schenkungsteuer im selben Gesetz geregelt. Schenkungsteuer ist eine Steuer auf den Erwerb von Vermögen durch Schenkung...

38. http://www.mira-anlagen.de/schiffsbeteiligungen-news/10012006.html, Stand 13.08.2007

...I.d.R. werden der Erwerb von Todes wegen und Schenkungen unter Lebenden vom ErbStG erfasst. Die unbeschränkte Erbschaft- und Schenkungsteuerpflicht ist ferner davon abhängig, ob der Zuwendende (Erblasser oder Schenkender) oder der Empfänger der Leistung Inländer i.d.S. Erbschaft- und Schenkungsteuergesetzes ist...

...Als besonders geeignetes Hilfsmittel für die steuerliche Optimierung von Vermögensübertragungen hat sich die Schiffsbeteiligung erwiesen. Eine Schiffsbeteiligung ist Betriebsvermögen, weil es sich bei einer Schiffsgesellschaft um einen Gewerbebetrieb handelt. Der steuerliche Wert des Betriebsvermögens (= Wert der Schiffsbeteiligung) ist vereinfacht der Buchwert des Schiffes abzüglich Verbindlichkeiten. Dieser Wert ist aber durch Abschreibungen und die Verschuldung durch Schiffshypotheken sehr niedrig und liegt bereits in den ersten Jahren nach Beitritt als Kommanditist bei nur ca. 40 % des gezeichneten...

Ein Steuerpflichtiger schenkt / vererbt seinem Kind einen Wert von EURO 1.000.000,--:
...
b.) Besteht der Wert aus einer Beteiligung an einem Schiff im Nominalwert von EURO 1 Mio. so ist der Wert des Betriebsvermögens zu ermitteln. Dieser beträgt durch Abschreibungen, Schiffshypotheken etc. bereits ein Jahr nach der Emission nur noch ca. 40 % des Zeichnungsbetrages. Der steuerliche Wert des Vermögens beträgt also nur noch EURO 400.000,-- . Davon ist der Freibetrag von EURO 225.000,-- abzuziehen. Vom Restbetrag (175.000,--) wird ein Abschlag von 35% vorgenommen. Daraus errechnet sich ein steuerpflichtiger Erwerb von EURO 113.750,--. Ohne Berücksichtigung des persönlichen Freibetrages von EURO 205.000,--, der in einer solchen Fallgestaltung für anderes Vermögen aufgespart werden könnte, beträgt die Steuerlast EURO 12.512. Voraussetzung für diese Vergünstigungen ist eine 5-jährige Verbleibensfrist der Beteiligung beim Zuwendungsempfänger.
Fazit: Durch die Ausnutzung der Vergünstigungen im Bereich Betriebsvermögen wurden in dieser Konstellation durch eine Schiffsbeteiligung EURO 138.538,-- an Steuern gespart, ohne den Freibetrag von EURO 205.000,-- ausgenutzt zu haben!

Ein Steuerpflichtiger schenkt / vererbt einem nicht in grader Linie Verwandten einen Wert von EURO 1.000.000,--:
...
b.) Besteht der Wert aus einer Beteiligung an einem Schiff, so ist der Wert des Betriebsvermögens genau wie im Fall 1 zu ermitteln, mit der Folge, dass der steuerpflichtige Erwerb EURO 113.750,-- beträgt. Ohne den persönlichen Freibetrag von EURO 5.200, der in einer solchen Fallgestaltung eher nebensächlich ist, beträgt die Steuerlast, nach Kürzung des Entlastungsbetrages durch das Haushaltsbegleitgesetz auf 88%, EURO 14.150,--. Hier ist ebenfalls eine Haltefrist von 5 Jahren zwingende Voraussetzung, d.h. die Beteiligung am Betriebsvermögen muss 5 Jahre im Besitz der Beschenkten / Erben bleiben!
Fazit der beiden Betrachtungen: Bei einem direkten Rechtsnachfolger (Kindschaftsverhältnis) beträgt die Steuerersparnis im Beispielsfall durch die Übertragung einer Schiffsbeteiligung bei der Erbschaft- und Schenkungsteuer ohne persönlichen Freibetrag EURO 138.538,--, während sie bei einem nicht direkt Verwandten sogar EURO 334.030,-- ausmacht. Dies sollten genügend Gründe sein, über eine gute Strukturierung des zu übertragenden Vermögens nachzudenken.

39. www.haufe.de/SID106.Or0UgkZuYGk/newsDetails?JAVASCRIPT_ACTIVE=1&newsI
D=1171899591.87&d_start:int=0&topic=Steuern&topicView=Steuern, Stand der
Einsichtnahme 14.08.2007

Ein neues Erbschaft- und Schenkungsteuergesetz soll die Unternehmensnachfolge erleichtern. Das Problem: Wie genau die Reform aussehen wird und wann die Neuregelung in Kraft treten soll, ist immer noch ungeklärt. Das BverfG hat in seiner Anfang 2007 veröffentlichten Entscheidung (1 BvL 10/02) klare Anweisungen gegeben, wie ein in Zukunft grundgesetzkonformes Erbschaft- und Schenkungsteuergesetz aussehen soll.

1. Alle Vermögensarten, also auch bspw. Grund- und Betriebsvermögen, müssen mit dem Verkehrswert angesetzt werden.

2. Der Gesetzgeber hat die Möglichkeit ein, Freibeträge und Steuersätze nach Vermögensarten zu variieren, wenn es das Gemeinwohl erfordert.

3. Die Verfassungswidrigkeit wirkt nicht zurück. Alle bisherigen Erb- und Schenkungsfälle werden also nach (noch) geltendem Recht behandelt. Heißt: Immer noch sind Grundvermögen und Betriebsvermögen gegenüber anderen Vermögensarten privilegiert.

4. Bis Ende 2008 hat der Gesetzgeber Zeit, das Erbschaft- und Schenkungsteuergesetz verfassungskonform zu regeln.
…

40. http://www.reformen-cockpit.de/reform/show/id/42?chorid=00997302,   Stand   der
Einsichtnahme 14.08.2007

Ein neues Erbschaft- und Schenkungsteuergesetz soll die Unternehmensnachfolge erleichtern. Das Problem: Wie genau die Reform aussehen wird und wann die Neuregelung in Kraft treten soll, ist immer noch ungeklärt. Das BverfG hat in seiner Anfang 2007 veröffentlichten Entscheidung (1 BvL 10/02) klare Anweisungen gegeben, wie ein in Zukunft grundgesetzkonformes Erbschaft- und Schenkungsteuergesetz aussehen soll.

1. Alle Vermögensarten, also auch bspw. Grund- und Betriebsvermögen, müssen mit dem Verkehrswert angesetzt werden.

2. Der Gesetzgeber hat die Möglichkeit ein, Freibeträge und Steuersätze nach Vermögensarten zu variieren, wenn es das Gemeinwohl erfordert.

3. Die Verfassungswidrigkeit wirkt nicht zurück. Alle bisherigen Erb- und Schenkungsfälle werden also nach (noch) geltendem Recht behandelt. Heißt: Immer noch sind Grundvermögen und Betriebsvermögen gegenüber anderen Vermögensarten privilegiert.

4. Bis Ende 2008 hat der Gesetzgeber Zeit, das Erbschaft- und Schenkungsteuergesetz verfassungskonform zu regeln.

Der ehemals – bereits vor dem Urteil der Karlsruher Verfassungsrichter – vorgelegte Gesetzes-Entwurf ist im Großen und Ganzen hinfällig. Er sah vor, dass für Zwecke der Erbschaft- oder Schenkungsteuer unterschieden werden muss zwischen (begünstigtem) produktivem und (nicht begünstigtem) unproduktivem Vermögen. Die Erbschaftsteuer auf produktives Vermögen, also Betriebsvermögen in aller Regel, sollte zehn Jahre lang gestundet und für jedes Jahr der Betriebsfortführung um ein Zehntel erlassen werden. Hätte der Nachfolger den Betrieb zehn Jahre lang weitergeführt, hätte er ihn erbschaftsteuerfrei erhalten. Vorgesehen war auch eine Freigrenze für Betriebsvermögen in Höhe von 100.000 Euro. So sollten kleine Unternehmen von der Steuer freigestellt werden. Dieses Abschmelzmodell hätte eigentlich nach den Vorgaben des BverfG´s durchaus im Kern erhalten bleiben können. Allerdings ist dieses Modell von Seiten der Wirtschaft massiv kritisiert worden, weil es einen Unternehmens-Nachfolger übermäßig lange an einen Status quo bindet. Deshalb darf man mit an Sicherheit grenzender Wahrscheinlichkeit davon ausgehen, dass das Abschmelzmodell „gestorben" ist. Stattdessen soll der Steuerpflichtige Rechtanspruch erhalten auf eine zinslose Stundung für die Steuer, die auf das Betriebsvermögen-Erbe entfällt und die Steuersätze für das Betriebsvermögen-Erbe sollen deutlich gesenkt werden.

Nach der Sommerpause des Parlaments könnte es relativ schnell zu einer Einigung zwischen den Ländern – denen das Erbschaftsteueraufkommen zusteht – kommen, die dann möglicherweise bereits Anfang 2008 Gesetzeskraft erlangen könnte…

41. http://www.main-rheiner.de/region/objekt.php3?artikel_id=2907042, Stand der Einsichtnahme 14.08.2007

Deubel: Dieses Modell sieht vor, dass den Unternehmen die Erbschaftsteuer auf den produktiven Teil ihres Vermögens über zehn Jahre schrittweise erlassen wird. Unproduktives Vermögen dagegen wird ganz normal besteuert. Nur: Wie grenzt man produktives und unproduktives Vermögen sinnvoll voneinander ab? Dieses Problem lässt sich kaum lösen.

42. http://www.uni-essen.de/steuerlehre/steuerlehre/GMBH&CO.pdf, Stand der Einsichtnahme 14.08.2007

… I.d.R. ergeben sich hinsichtlich der GewSt keine Besonderheiten bei der GmbH & Co. Der einheitlich festgestellte Gewinn der Mitunternehmer der GmbH & Co. KG ist Ausgangspunkt für die Ermittlung des Gewerbeertrags. Er ist um die Hinzurechnungen (§ 8 GewStG) und die Kürzungen (§ 9 GewStG) zu berichtigen. Eine an die GmbH gezahlte Tätigkeitsvergütung, mindert den Gewerbeertrag der GmbH & Co. KG nicht…

43. http://www.steuerlehre.wiso.uni-erlangen.de/www/download/pdf/2006-07-27-
GmbHuCoKG.pdf, Stand der Einsichtnahme 14.08.2007

Steuerbelastung des Gesellschafters A

Einkommensteuer (Steuerschuldner: Gesellschafter A)

	A
Einkünfte aus Gewerbebetrieb (§ 15 EStG)	1.135.705
= Summe der Einkünfte	1.135.705
= Gesamtbetrag der Einkünfte (§ 2 Abs. 1, 3 EStG)	1.135.705
Sonderausgaben	
- Altersvorsorgeaufwendungen (§ 10 Abs. 1 Nr. 2, § 10 Abs. 3 EStG) (62% * 20.000)	12.400
- sonstige Vorsorgeaufwendungen (§ 10 Abs. 1 Nr. 3, § 10 Abs. 4 EStG)	2.400
- Sonderausgaben-Pauschbetrag (§ 10c Abs. 1 EStG)	36
= Einkommen (§ 2 Abs. 4 EStG)	1.120.869
= zu versteuerndes Einkommen (§ 2 Abs. 5 EStG)	1.120.869
tarifliche ESt (§ 32a Abs. 1 Nr. 5 EStG)	462.850
- Gewerbesteuer-Anrechnung	132.812
(§ 35 Abs. 1 Nr. 2, Abs. 3 EStG)	(136.134 * 0,9756)
(1,8 * Gewerbesteuer-Messbetrag) = 136.134	
Berechnung Gewerbesteuer-Messbetrag:	
(Gewerbesteuer nach Rundung / Hebesatz) * 100 = 317.646 / 420) * 100 = 75.630	
= festzusetzende Einkommensteuer	330.038

44. http://www.info-investmentvergleiche.de/glossar/geldanlagen/zinsabschlag.htm, Stand der
Einsichteinnahme 14.08.2007

Zinsabschlag

Der Zinsabschlag ist eine Erhebungsform der ESt; er wird als Kapitalertragsteuer von
bestimmten Zinsen an der Quelle (Quellensteuer) einbehalten (soweit nicht ein
Freistellungsauftrag vorliegt) und an das Finanzamt abgeführt. Die Bezeichnung
"Zinsabschlagsteuer", die sich bei Nichtfachleuten eingebürgert hat, wird im
Einkommensteuergesetz nicht verwendet - sie ist auch nicht korrekt, denn der Zinsabschlag ist
ja bereits eine Steuer, von der nicht noch einmal Steuer abgezogen wird. Richtiger wäre die
Bezeichnung "Zinssteuer".

45. http://de.wikipedia.org/wiki/Kapitalertragsteuer, Stand der Einsichtnahme 14.08.2007

...Erträge aus Kapitalvermögen unterliegen in fast allen europäischen Staaten der jeweiligen ESt. Die auf die Zinserträge entfallende ESt wird von den jeweiligen Finanzbehörden oftmals direkt an der Quelle als prozentualer Abschlag eingefordert. Der Schuldner der Zinserträge (Bank, Versicherung oder Kapitalgesellschaft) ist als Steuerzahler für die korrekte Einbehaltung und Abführung an die Finanzbehörden verantwortlich...

46. http://www.geldwelt.de/index.php?pagecode=abgeltungssteuer, Stand der Einsichtnahme 14.08.2007

Was wird sich ändern?

Ab dem 1. Januar 2009 sollen alle Ihrem Privatvermögen zufließenden Kapitaleinkünfte mit einer 25-%igen Abgeltungssteuer belegt werden. Zusätzlich kommen noch Solidaritätszuschlag und ggf. Kirchensteuer hinzu, so dass Ihre effektive Belastung bei bis zu ca. 27.8% liegen dürfte. Das bestehende Halbeinkünfteverfahren soll für Einkünfte Ihres Privatvermögens abgeschafft und im betrieblichen Bereich auf ein Teileinkünfteverfahren (Ansatz zu 60%) reduziert werden. Der Einbehalt und die Abführung der Abgeltungssteuer soll dem Schuldner der Kapitaleinkünfte bzw. den sogenannten auszahlenden Stellen, also den inländischen Bankinstituten, obliegen. Für den Einbehalt Ihrer Kirchensteuer sieht der Referentenentwurf wahlweise den Abzug an der Quelle oder eine Deklaration im Rahmen Ihrer ESt vor.

Von grundlegender Bedeutung für Sie als Anleger ist die geplante Änderung im Bereich der Anerkennung von Werbungskosten. Demnach sollen mit der Einführung der Abgeltungssteuer tatsächlich alle anfallenden Werbungskosten wie Fremdkapitalkosten, Depot- oder Beratungsgebühren oder auch Fachliteratur vom Abzug ausgeschlossen sein. Von den steuerpflichtigen Einkünften soll künftig lediglich noch ein "Sparer-Pauschbetrag" in Höhe von 801 EUR (bei Zusammenveranlagung 1.602 EUR) in Abzug gebracht werden können. Dieser vereint sowohl den bisherigen Sparer-Freibetrag von 750 EUR (Zusammenveranlagung 1.500 EUR) als auch die Werbungskostenpauschale von 51 EUR (Zusammenveranlagung 102 EUR).

47. http://www.wista-ag.de/veranstaltungen/newsletter/ausgabe3_2003.php#1, Stand der Einsichtnahme 14.08.2007

...Die strafbefreiende Erklärung besteht darin, dass dem Finanzamt alle bisher nicht besteuerten Einnahmen, die nach dem 31.12.1992 und vor dem 1.1.2002 zugeflossen sind, anzugeben sind. Diese Einnahmen unterliegen dann als Bruttobetrag (d.h. ohne Kürzung durch Werbungskosten oder Betriebsausgaben) den genannten Steuersätzen. Damit ist die ESt auf die angemeldeten Einnahmen (einschließlich damit zusammenhängender anderer Steuern wie z.B. Vermögensteuer und Erbschaftsteuer) abgegolten...

48. http://www.mira-anlagen.de/mira-pressemitteilungen-kapitalanlagen/artikel/pragerzeitung-17032004.pdf, Pragerzeitung 17.03.2004, Stand der Einsichtnahme 14.08.2007

...Die Liquidität, die die Schiffsgesellschaft erwirtschaftet, unterliegt nur mit minimalen Werten der Tonnagesteuer. Die restliche Liquidität steht zur freien Verfügung, um sie den Beteiligten einer Schiffsbeteiligung zukommen zu lassen. Dieser Liquiditätszufluß stellt aber weder Gewinn noch steuerliche Einkünfte dar, so dass diese für die Besteuerung, auch im Sinne eines DBA unbeachtlich sind.
Der tschechische Anleger unterwirft also nur den marginalen Gewinnanteil aus der Tonnagesteuer dem Progressionsvorbehalt. Die Folge daraus ist eine so minimale Belastung mit Steuern in Tschechien, dass die Rendite aus der Schiffsbeteiligung quasi „Brutto für Netto" ist...

49. http://www.hk24.de/produktmarken/recht_und_fair_play/steuerrecht/einkommen_koerper_steuer/veraeusserungsgewinn.jsp, Stand der Einsichtnahme 14.08.2007

Veräußerungsgewinnen: Steuerliche Begünstigung
Die Einkünfte aus Gewerbebetrieb umfassen nicht nur den Gewinn aus der laufenden Geschäftstätigkeit, sondern auch die Gewinne aus dem Verkauf des Unternehmens oder des Anteils eines Gesellschafters (§ 16 des Einkommensteuergesetzes). Diese Einkünfte gewinnen vor dem Hintergrund an Bedeutung, dass sie Teil der privaten Altersvorsorge des Unternehmers sind. Hätte der Gesetzgeber die Veräußerungsgewinne nicht in § 16 EStG gesondert geregelt, hätten sie nach den allgemeinen Grundsätzen als Einkünfte aus Gewerbebetrieb behandelt werden müssen...

50. http://www.vendura.de/53.print.html, Stand der Einsichtnahme 14.08.2007

...Der Veräußerungsgewinn ist nach § 34 Abs. 1 EStG grundsätzlich tarifbegünstigt zu versteuern, in dem er rechnerisch auf fünf Jahre verteilt wird. Der Mitunternehmer kann ab dem Veranlagungszeitraum 2001 auf Antrag grundsätzlich auch alternativ die Besteuerung des Veräußerungsgewinns nach den Regelungen des § 34 Abs. 3 EStG verlangen, soweit die dort genannten Bedingungen in der Person des Mitunternehmers vorliegen (Vollendung des 55. Lebensjahres oder dauerhafte Berufsunfähigkeit im sozialversicherungsrechtlichen Sinne). Nach dieser Vorschrift beträgt der ermäßigte Steuersatz die Hälfte des durchschnittlichen Steuersatzes, mindestens jedoch 19,9% im Veranlagungszeitraum 2001 und 2002, 17,0% im Veranlagungszeitraum 2003 und 2004, 15,0% im Veranlagungszeitraum 2005.
Den ermäßigten Steuersatz kann der Gesellschafter nur einmal im Leben in Anspruch nehmen. Veräußerungs- oder Aufgabegewinne sind laufende Gewinne, soweit auf Seite des Veräußerers und auf Erwerberseite dieselben Personen Unternehmer oder Mitunternehmer sind (§ 16 Abs. 3 Satz 5 EStG)...

51. http://www.wallstreet-online.de/nachricht/2080941.html, Stand der Eins.
14.08.2007

Keine gesonderte Besteuerung von Zweimarkt- und Flottenfonds

Auch in Zukunft wird der Erlös aus dem vorzeitigen Verkauf eines Dachfondsanteils bei Schiffsfonds nicht gesondert besteuert. Damit kippt die Hamburger Finanzverwaltung mit ihrem Schreiben vom 10. Mai 2007 jetzt den eigenen Erlass vom 4. Januar 2007.
Im Januar 2007 hatte die Hamburger Oberfinanzdirektion angekündigt, dass der Veräußerungsgewinn aus dem vorzeitigen Verkauf einer doppelstöckigen KG ab sofort gesondert steuerpflichtig sei. Konkret betroffen wären von dieser Neufassung vor allem Zweitmarktfonds für Schiffsbeteiligungen sowie einige Flottenfonds gewesen. Bis Ende letzten Jahres war die Finanzbehörde bei allen Tonnagesteuerfonds einheitlich davon ausgegangen, dass Veräußerungsgewinne mit der pauschalen Tonnagesteuer abgegolten sind.
Die Einkommensteuerreferenten der Länder haben nun entschieden, diesen Erlass hinsichtlich der unter der Tonnagesteuer nach §5a des Einkommensteuergesetzes laufenden Schiffsbeteiligungen wieder zurück zu nehmen. „Der Erlass vom Januar 2007 stand unter anderem im Widerspruch zu dem für Personengesellschaften geltenden steuerlichen Transparenzprinzip", sagt Matthias J. Brinckman, Geschäftsführer des Hamburger Emissionshauses Maritim Invest. Im Fall der Maritim Invest-Fonds hätte der Erlass bedeutet, die Kapitalkonten von durchschnittlich rund 150 Einzelschiffen zum Zeitpunkt des vorzeitigen Verkaufes dem erzielten Veräußerungserlös gegenüber zu stellen – ohnehin ein für die Finanzverwaltung beinahe aussichtsloses Unterfangen.

.kommensteuer (tabellarisch) für 2006
Grundtarif von EURO 8934 bis EURO 9012

für EURO	Steuer	Soli	KiStr9%	TotalStr
8934	204	0	18.36	222.36
8936	205	0	18.45	223.45
8938	205	0	18.45	223.45
8940	205	0	18.45	223.45
8942	206	0	18.54	224.54
8944	206	0	18.54	224.54
8946	206	0	18.54	224.54
8948	207	0	18.63	225.63
8950	207	0	18.63	225.63
8952	207	0	18.63	225.63
8954	208	0	18.72	226.72
8956	208	0	18.72	226.72
8958	208	0	18.72	226.72
8960	209	0	18.81	227.81
8962	209	0	18.81	227.81
8964	209	0	18.81	227.81
8966	210	0	18.9	228.9
8968	210	0	18.9	228.9
8970	210	0	18.9	228.9
8972	211	0	18.99	229.99
8974	211	0	18.99	229.99
8976	212	0	19.08	231.08
8978	212	0	19.08	231.08
8980	212	0	19.08	231.08
8982	213	0	19.17	232.17
8984	213	0	19.17	232.17
8986	213	0	19.17	232.17
8988	214	0	19.26	233.26
8990	214	0	19.26	233.26
8992	214	0	19.26	233.26
8994	215	0	19.35	234.35
8996	215	0	19.35	234.35
8998	215	0	19.35	234.35
9000	216	0	19.44	235.44
9002	216	0	19.44	235.44
9004	216	0	19.44	235.44

9006	217	0	19.53	236.53
9008	217	0	19.53	236.53
9010	217	0	19.53	236.53
9012	218	0	19.62	237.62

Einkommensteuer (tabellarisch) für 2006
Grundtarif von EURO 14932 bis EURO 15010

für EURO	Steuer	Soli	KiStr9%	TotalStr
14932	1525	83.87	137.25	1746.12
14934	1526	83.93	137.34	1747.27
14936	1526	83.93	137.34	1747.27
14938	1527	83.98	137.43	1748.41
14940	1527	83.98	137.43	1748.41
14942	1528	84.04	137.52	1749.56
14944	1528	84.04	137.52	1749.56
14946	1529	84.09	137.61	1750.7
14948	1529	84.09	137.61	1750.7
14950	1530	84.15	137.7	1751.85
14952	1530	84.15	137.7	1751.85
14954	1531	84.2	137.79	1752.99
14956	1531	84.2	137.79	1752.99
14958	1532	84.26	137.88	1754.14
14960	1532	84.26	137.88	1754.14
14962	1533	84.31	137.97	1755.28
14964	1533	84.31	137.97	1755.28
14966	1534	84.37	138.06	1756.43
14968	1534	84.37	138.06	1756.43
14970	1535	84.42	138.15	1757.57
14972	1535	84.42	138.15	1757.57
14974	1536	84.48	138.24	1758.72
14976	1536	84.48	138.24	1758.72
14978	1537	84.53	138.33	1759.86
14980	1537	84.53	138.33	1759.86
14982	1538	84.59	138.42	1761.01
14984	1538	84.59	138.42	1761.01
14986	1539	84.64	138.51	1762.15
14988	1539	84.64	138.51	1762.15
14990	1540	84.7	138.6	1763.3
14992	1540	84.7	138.6	1763.3
14994	1541	84.75	138.69	1764.44
14996	1541	84.75	138.69	1764.44

14996	1541	84.75	138.69	1764.44
14998	1542	84.81	138.78	1765.59
15000	1542	84.81	138.78	1765.59
15002	1543	84.86	138.87	1766.73
15004	1543	84.86	138.87	1766.73
15006	1544	84.92	138.96	1767.88
15008	1544	84.92	138.96	1767.88
15010	1545	84.97	139.05	1769.02

Einkommensteuer (tabellarisch) für 2006
Grundtarif von EURO 24972 bis EURO 25054

für EURO	Steuer	Soli	KiStr9%	TotalStr
24972	4263	234.46	383.67	4881.13
24974	4264	234.52	383.76	4882.28
24976	4264	234.52	383.76	4882.28
24978	4265	234.57	383.85	4883.42
24980	4265	234.57	383.85	4883.42
24982	4266	234.63	383.94	4884.57
24984	4267	234.68	384.03	4885.71
24986	4267	234.68	384.03	4885.71
24988	4268	234.74	384.12	4886.86
24990	4268	234.74	384.12	4886.86
24992	4269	234.79	384.21	4888
24994	4270	234.85	384.3	4889.15
24996	4270	234.85	384.3	4889.15
24998	4271	234.9	384.39	4890.29
25000	4271	234.9	384.39	4890.29
25002	4272	234.96	384.48	4891.44
25004	4273	235.01	384.57	4892.58
25006	4273	235.01	384.57	4892.58
25008	4274	235.07	384.66	4893.73
25010	4274	235.07	384.66	4893.73
25012	4275	235.12	384.75	4894.87
25014	4275	235.12	384.75	4894.87
25016	4276	235.18	384.84	4896.02
25018	4277	235.23	384.93	4897.16
25020	4277	235.23	384.93	4897.16
25022	4278	235.29	385.02	4898.31
25024	4278	235.29	385.02	4898.31
25026	4279	235.34	385.11	4899.45
25028	4280	235.4	385.2	4900.6

25028	4280	235.4	385.2	4900.6
25030	4280	235.4	385.2	4900.6
25032	4281	235.45	385.29	4901.74
25034	4281	235.45	385.29	4901.74
25036	4282	235.51	385.38	4902.89
25038	4283	235.56	385.47	4904.03
25040	4283	235.56	385.47	4904.03
25042	4284	235.62	385.56	4905.18
25044	4284	235.62	385.56	4905.18
25046	4285	235.67	385.65	4906.32
25048	4286	235.73	385.74	4907.47
25050	4286	235.73	385.74	4907.47
25052	4287	235.78	385.83	4908.61
25054	4287	235.78	385.83	4908.61

Einkommensteuer (tabellarisch) für 2006
Grundtarif von EURO 49936 bis EURO 50018

für EURO	Steuer	Soli	KiStr9%	TotalStr
49936	13070	718.85	1176.3	14965.15
49938	13070	718.85	1176.3	14965.15
49940	13071	718.9	1176.39	14966.29
49942	13072	718.96	1176.48	14967.44
49944	13073	719.01	1176.57	14968.58
49946	13074	719.07	1176.66	14969.73
49948	13074	719.07	1176.66	14969.73
49950	13075	719.12	1176.75	14970.87
49952	13076	719.18	1176.84	14972.02
49954	13077	719.23	1176.93	14973.16
49956	13078	719.29	1177.02	14974.31
49958	13079	719.34	1177.11	14975.45
49960	13079	719.34	1177.11	14975.45
49962	13080	719.4	1177.2	14976.6
49964	13081	719.45	1177.29	14977.74
49966	13082	719.51	1177.38	14978.89
49968	13083	719.56	1177.47	14980.03
49970	13083	719.56	1177.47	14980.03
49972	13084	719.62	1177.56	14981.18
49974	13085	719.67	1177.65	14982.32

49976	13086	719.73	1177.74	14983.47
49978	13087	719.78	1177.83	14984.61
49980	13088	719.84	1177.92	14985.76
49982	13088	719.84	1177.92	14985.76
49984	13089	719.89	1178.01	14986.9
49986	13090	719.95	1178.1	14988.05
49988	13091	720	1178.19	14989.19
49990	13092	720.06	1178.28	14990.34
49992	13092	720.06	1178.28	14990.34
49994	13093	720.11	1178.37	14991.48
49996	13094	720.17	1178.46	14992.63
49998	13095	720.22	1178.55	14993.77
50000	13096	720.28	1178.64	14994.92
50002	13097	720.33	1178.73	14996.06
50004	13097	720.33	1178.73	14996.06
50006	13098	720.39	1178.82	14997.21
50008	13099	720.44	1178.91	14998.35
50010	13100	720.5	1179	14999.5
50012	13101	720.55	1179.09	15000.64
50014	13101	720.55	1179.09	15000.64
50016	13102	720.61	1179.18	15001.79
50018	13103	720.66	1179.27	15002.93

Einkommensteuer (tabellarisch) für 2006
Grundtarif von EURO 64972 bis EURO 65054

für EURO	Steuer	Soli	KiStr9%	TotalStr
64972	19374	1065.57	1743.66	22183.23
64974	19375	1065.62	1743.75	22184.37
64976	19375	1065.62	1743.75	22184.37
64978	19376	1065.68	1743.84	22185.52
64980	19377	1065.73	1743.93	22186.66
64982	19378	1065.79	1744.02	22187.81
64984	19379	1065.84	1744.11	22188.95
64986	19380	1065.9	1744.2	22190.1
64988	19380	1065.9	1744.2	22190.1
64990	19381	1065.95	1744.29	22191.24
64992	19382	1066.01	1744.38	22192.39
64994	19383	1066.06	1744.47	22193.53
64996	19384	1066.12	1744.56	22194.68
64998	19385	1066.17	1744.65	22195.82

65000	19386	1066.23	1744.74	22196.97
65002	19386	1066.23	1744.74	22196.97
65004	19387	1066.28	1744.83	22198.11
65006	19388	1066.33	1744.92	22199.25
65008	19389	1066.39	1745.01	22200.4
65010	19390	1066.45	1745.1	22201.55
65012	19391	1066.5	1745.19	22202.69
65014	19391	1066.5	1745.19	22202.69
65016	19392	1066.56	1745.28	22203.84
65018	19393	1066.61	1745.37	22204.98
65020	19394	1066.67	1745.46	22206.13
65022	19395	1066.72	1745.55	22207.27
65024	19396	1066.78	1745.64	22208.42
65026	19396	1066.78	1745.64	22208.42
65028	19397	1066.83	1745.73	22209.56
65030	19398	1066.89	1745.82	22210.71
65032	19399	1066.94	1745.91	22211.85
65034	19400	1067	1746	22213
65036	19401	1067.05	1746.09	22214.14
65038	19401	1067.05	1746.09	22214.14
65040	19402	1067.1	1746.18	22215.28
65042	19403	1067.16	1746.27	22216.43
65044	19404	1067.22	1746.36	22217.58
65046	19405	1067.27	1746.45	22218.72
65048	19406	1067.33	1746.54	22219.87
65050	19407	1067.38	1746.63	22221.01
65052	19407	1067.38	1746.63	22221.01
65054	19408	1067.44	1746.72	22222.16

Einkommensteuer (tabellarisch) für 2006
Grundtarif von EURO 99984 bis EURO 100042

für EURO	Steuer	Soli	KiStr9%	TotalStr
99984	34079	1874.34	3067.11	39020.45
99986	34080	1874.4	3067.2	39021.6
99988	34080	1874.4	3067.2	39021.6
99990	34081	1874.45	3067.29	39022.74
99992	34082	1874.51	3067.38	39023.89
99994	34083	1874.56	3067.47	39025.03
99996	34084	1874.62	3067.56	39026.18
99998	34085	1874.67	3067.65	39027.32

100000	34086	1874.73	3067.74	39028.47
100002	34086	1874.73	3067.74	39028.47
100004	34087	1874.78	3067.83	39029.61
100006	34088	1874.84	3067.92	39030.76
100008	34089	1874.89	3068.01	39031.9
100010	34090	1874.95	3068.1	39033.05
100012	34091	1875	3068.19	39034.19
100014	34091	1875	3068.19	39034.19
100016	34092	1875.06	3068.28	39035.34
100018	34093	1875.11	3068.37	39036.48
100020	34094	1875.17	3068.46	39037.63
100022	34095	1875.22	3068.55	39038.77
100024	34096	1875.28	3068.64	39039.92
100026	34096	1875.28	3068.64	39039.92
100028	34097	1875.33	3068.73	39041.06
100030	34098	1875.39	3068.82	39042.21
100032	34099	1875.44	3068.91	39043.35
100034	34100	1875.5	3069	39044.5
100036	34101	1875.55	3069.09	39045.64
100038	34101	1875.55	3069.09	39045.64
100040	34102	1875.61	3069.18	39046.79
100042	34103	1875.66	3069.27	39047.93

Literaturverzeichnis

Ammelung, U.; **Lindauer**, R.: Besteuerung von Dachfons, Herne: Verlag Neue Wirtschafts-Briefe GmbH & Co. KG, Nr. 21 Fach 3 S. 1751-1758, 22.05.2006

Berkenkopf, K.: Betriebskosten zwingen Schiffsfonds zur Auflösung, in: Financial Times Deutschland (FTD), 12.01.2007

Biebig, Prof. Dr. P.; **Althof**, Prof. Dr. W.; **Wagener**, Dr. N.: Seeverkehrswirtschaft, 3. Auflage, München Wien: R. Oldenbourg Wissenschaftsverlag GmbH, 2004

Brandmüller; **Sauer**: Bonner Handbuch Personengesellschaften, Bänder 2-3 Bonn: Stollfuß Verlag

Brönner, H.: Die Besteuerung der Gesellschaften, 18. Auflage, Stuttgart: Schäffer-Poeschel Verlag, 2007

Brönner, Dr. H.; **Rux**, H.-J.; **Wagner**, H.: Die GmbH & Co. KG – Umfassende Erläuterungen, Beispiele und Musterformulare für die Rechtspraxis, 8. Auflage, Berlin: Rudolf Haufe Verlag, 1998

Brons, Dr. B. W.: Nationale und internationale Besteuerung, Band 19, Bielefeld: Erich Schmidt Verlag GmbH & Co., 1990

BMF Bundesministerium der Finanzen: Amtliches Einkommensteuerhandbuch, Bonn/Berlin: Stollfuß Verlag, 2005

Dißars, Dr. B.-A.; **Dißars**, Dr. U.-Ch.: Die Partenreederei – Eine unterschätzte Gesellschaftsform, Herne: Verlag Neue Wirtschafts-Briefe GmbH & Co. KG, Nr. 46 Fach 18 S. 4285-4292, 14.11.2005

E.R. Helgoland: Verkaufsprospekt, 20354 Hamburg, Nordcapital GmbH & Co. KG, Stand 2002

Gerstenberger, H.; **Welke**, U.: Seefahrt im Zeichen der Globalisierung, 1. Auflage, Münster: Verlag Westfälisches Dampfboot, 2002

Grobshäuser, U.; **Maier**, W.; **Kies**, D.: Besteuerung der Gesellschaften, Stuttgart: Schäffer Pöschel Verlag, 2005

Gosch: Gewinnermittlung bei Handelsschiffen, in: Kirchhof, P.; Beckerath, von H.-J.: EStG Kompaktkommentar, 3. Auflage, Heidelberg: C. F. Müller Verlag, 2003

Hansa Treuhand: Erbschaft- und Schenkungssteuerliche Aspekte einer Schiffsbeteiligung, 2. Auflage, 20020 Hamburg, Stand 9/2005

HC Beteiligungs-GmbH&Co.KG: Verkaufsprospekt der Schiffsbeteiligung, 22949 Hamburg, Hanse Capital Emissionshaus GmbH, Stand 01.05.2005

HCI Schiffsbeteiligungen: Die Tonnagesteuer - Informationsbroschüre, 20354 Hamburg, Stand Jan.2005

Heinhold, Prof. Dr. M; **Bachmann** Dr. C.; **Hüsing**, Dr. S.: Besteuerung der Gesellschaften - Rechtsformen und ihre steuerliche Behandlung, Herne: Verlag Neue Wirtschafts- Briefe GmbH, 2004

HTB Zweitmarkt: Geschlossene Zweitmarktfonds im Immobilien- und Schiffsbereich - Steuerliche Aspekte für Verkäufer und Anleger, 28203 Bremen, 2007

HTB Fünfte Hanseatische Schiffsfonds GmbH & Co. KG: Verkaufsprospekt zum Zweitmarktfonds, 28359 Bremen, Stand 2005

HTB Siebte Hanseatische Schiffsfonds GmbH & Co. KG: Verkaufsprospekt zum Zweitmarktfonds, 28203 Bremen, Stand 27.10.2006

I.C.M Schiffsbeteiligungsgesellschaft mbH & Co.KG: Verkaufsprospekt Dachfonds mit Zweitmarktbeteiligung, Dresden, Stand 20.10.2005

Fichtelmann, H.: Die GmbH & Co. KG im Steuerrecht, 8. Auflage, Heidelberg: C. F. Müller Verlag, 1999

Fischer, L.: Gebraucht, aber begehrt, in: Consultant - Fachmagazin für steuer- und wirtschaftsberatende Berufe, 4-2007, S. 42-44

Jachmann, Dr. M.: Basiskurs Steuerrecht - Teil 2: Einkommensteuerrecht, 1. Auflage, Stuttgart: Richard Boorberg Verlag, 2004

König & Cie. GmbH & Co.KG: Verkaufsprospekt Renditefonds 50 MT King David, 20354 Hamburg, Stand 17.01 2006

Lippross, Prof. Dr. O.-G.; **Schmitz**, Dr. K.-J.: Basiskommentar zu EStG § 5a Gewinnermittlung bei Handelsschiffen im internationalen Verkehr, Dokument aus Haufe 177768, 5/2006

Lippross, Prof. Dr. O.-G.; **Lüer**, P.: Basiskommentar zu EStG § 15 Einkünfte aus Gewerbebetrieb, Dokument aus Haufe 177806, 6/2005

Lippross, Prof. Dr. O.-G.; **Walkenhorst**, R.: Basiskommentar zu UStG § 8 Umsätze für die Seeschifffahrt und für die Luftfahrt, Dokument aus Haufe 178346, 9/2006

Lloyd Fonds Austria GmbH Verkaufsprospekt: Erfolgreich anlegen – Schiffsbeteiligungen leicht gemacht, A-1030 Wien, 2006

MS Buxhai Verwaltungs- und Bereederungs-GmbH & Co. KG: Verkaufsprospekt, 26931 Elsfleth, , Stand 14.11.2005,

MS Elbsailor: Beteiligungsangebot, Hrsg. Elbe Emissionshaus GmbH & Co. KG, 21465 Reinbek, Stand 27.06.2006, S. 65

MS Java M. Lauterjung GmbH & Co. KG: Beteiliungsangebot, 63065 Offenbach: Doric Asset Finance und Verwaltungs GmbH, Stand 6.10.2006

MS JRS Capella: Verkaufsprospekt Schiffsbeteiligung, 49733 Haren (Ems): Schöning Bereederungs-GmbH & Co. KG, Stand Dez. 2003

MS Pieces R.T. Schifffahrtsgesellschaft mbH & Co. KG: Verkaufsprospekt Second-Hand Tonnage, 22765 Hamburg, Stand Dezember 2001

MS Santa Laetitia und **MS Santa** Liana:Verkaufsprospekt, Münchmeyer Petersen Capital, 20354 Hamburg, Stand 13.02.2007

Niehaus, U.; **Wilke**, H.: Die Besteuerung der Personengesellschaften, 3. Auflage, Stuttgart: Schäffer-Poeschel Verlag, 2005

Oltmann Gruppe GmbH & Co. KG: Verkaufsprospekt Twinfonds IV Tonnagesteuer Renditefonde, 15. Oltmann Gruppe, 26789 Leer, Stand 21.03.2007

Owner Ship GmbH & Co. KG: Verkaufsprospekt Schiffsfonds Tonnage III, 20457 Hamburg, 04.10.2005

Preißer, Prof. Dr. M., **Scheibe**, V.: Doppel- und mehrstöckige Personengesellschaft – Lexikon des Steuerrechts, Haufe Themenlexikon vom 01.01.2007

Riegger, B.; **Bälz**, U.: Münchener Handbuch des Gesellschaftsrechts, Band 1, München: Beck'scher Verlag, 1995

Spera, K.: Handel und Transport - Handbuch für die Güterbeförderung in den Außenwirtschaftsbeziehungen, Wien; Verlag Logotrans, 2002

Weber-Grellet, H.: Bilanzsteuerrecht, 7. Auflage, Münster: Alpmann und Schmidt Verlag, 2002

Weiland: Kommentar zu § 5 a EStG, 68. Erg.-Lfg. Nov. 2005, in: Littmann; Bitz; Horst: Das Einkommensteuerrecht - Kommentar zum Einkommensteuergesetz, 15. Auflage, Schäffer-Poeschel Verlag Gesetzessammlung

Werner, C.: Einkommensteuerrechtliche Zurechnungen bei mittelbaren Beteiligungen an Personengesellschaften, Band 12, Frankfurt am Main: Peter Lang GmbH Europäischer Verlag der Wissenschaft, 2003

Wicke, P.: Personengesellschaften im Recht der deutschen Doppelbesteuerungsabkommen, 1. Auflage, Band 238, Lohmar - Köln: Josef Eul Verlag GmbH, 2003

Zehentmeier, U.; **Hermes**, M.: Handlungsbedarf bei Übertragung der Treugeberstellung, Herne. Verlag Neue Wirtschafts-Briefe GmbH & Co. KG, Nr.13 Fach 10 S. 1525-1526, 27.03.2006

Zimmermann, Prof. R.; **Hottmann**, Prof. J.; **Hübner**, Dr. Heinrich; **Schaeberle**, Prof. J.; **Völkel**, Prof. D: Die Personengesellschaft im Steuerrecht, 6. Auflage, Achim: Erich Fleischer Verlag, 1998